Werner Gilde

Nachahmung empfohlen

Gedanken und Erfahrungen

Mitteldeutscher Verlag
Halle · Leipzig

ISBN 3-354-00506-8

Lizenz-Nr. 444-300/156/88 · 7009
Printed in the German Democratic Republic
Umschlaggestaltung und Illustrationen: Thomas Schleusing
Gesamtherstellung: Grafischer Großbetrieb Völkerfreundschaft Dresden
Best.-Nr. 638 949 6

00880

Dieses Buch widme ich den Mitarbeitern des Zentralinstituts für Schweißtechnik der DDR

Ich danke dem Institutsdirektor, Professor Dr. G. Thieme, für die Genehmigung, Vordrucke des ZIS veröffentlichen zu dürfen.

Keine Ursache ohne Wirkung

Dieses Buch handelt von meinen Erfahrungen über die richtige Zielsetzung für sich selbst und für seine Umwelt. Es handelt weiter von Motiven, die uns zu Leistungen anregen.

Im Museum für Feudalgeschichte in Wernigerode sah ich eine Zusammenstellung, um wieviel sich die Produktivität der Bauern nach der Aufhebung der Leibeigenschaft gehoben hat. Sie hatten nach den Reformen des Jahres 1807 das Ziel, besser zu leben; und das Gefühl, »frei zu sein«, motivierte sie (obwohl ihre Freiheit noch sehr begrenzt war).

In unseren Schulen gehört Ostrowskis Buch »Wie der Stahl gehärtet wurde« zur Pflichtliteratur. Der Bau der Schmalspurbahn, von dem dort erzählt wird, ist ein Beispiel, wozu Menschen fähig sind, wenn sie das richtige Ziel vor Augen und ein begeisterndes Motiv haben. Große Ziele wecken ungeahnte Kräfte im Menschen.

Aber so große Ziele und so durchschlagende Motive kommen nicht jeden Tag vor. Und genauso, wie jedes Glück allein durch seine Dauer verliert, so ist die Begeisterung für eine große Sache auch zeitlich begrenzt.

Auch Ziele haben ihre Zeit.

Beim Zähneputzen denken wir im allgemeinen nicht an die Planerfüllung, sondern daran, daß es regnet und wir gleich zur Straßenbahn müssen oder daß wir abends ins Kino wollen.

Nun wird niemand bestreiten, daß ein Mensch, »der weiß, was er will« (also ein Ziel hat), mehr leistet als jemand, der sich mißmutig durch die Verhältnisse schieben läßt. Im Sport ist der Unterschied in den verschiedenen Haltungen sofort sichtbar und in Sekunden oder Metern meßbar. Im Berufsleben, vor allem bei geistiger Tätigkeit, wie sie ein Meister, ein Ingenieur oder ein Wissenschaftler ausübt, liegt der Erfolg meist nicht sofort klar zutage. Er zeigt sich meistens erst im Laufe der Jahre. Daher ist es auch viel schwerer, im Berufsleben Menschen zu Höchstleistungen zu begeistern als bei einem Fußballspiel oder einem Sportfest. Daraus folgt, daß wir uns im Beruf viel mehr Gedanken machen müssen, welche Ziele und Motive wir wählen wollen, als der Trainer eines Sportvereins.

Was für einen Sportler gut ist, reicht für den Alltag nicht aus.

Ich verzichte in diesem Buch auf jede theoretische Begründung. Dafür gibt es Fachleute, die es besser können. Ich spreche nur über meine Erfahrungen.

Vielleicht gibt es bessere Methoden, als ich sie beschreibe. Aber ich kenne sie nicht. Und vor allem weiß ich nicht, ob sie erfolgreich waren wie die, die ich hier schildere.

Wie wird man Chef?

Jedermann weiß, wie man Schlosser, Zahnarzt oder Schweißingenieur wird. Zumindest ist es im Prinzip bekannt. Wer sich für eine dieser Laufbahnen entscheidet, erwirbt in einer Ausbildung die wichtigsten theoretischen und handwerklichen Kenntnisse. Nach einer bestimmten Zeit stellt sich der zukünftige Fachmann einer Prüfungskommission, und wenn seine Kenntnisse für ausreichend befunden werden, darf er in seinem Beruf arbeiten.

Fest steht, daß kein Schlosser Zähne plombiert, kein Zahnarzt im Kernkraftwerk schweißen darf und daß Schweißingenieure nicht im Leistungslohn als Schlosser arbeiten.

Aber eines Tages wird der Schlosser Brigadier, dem Zahnarzt wird ein zahntechnisches Labor unterstellt, und der Schweißingenieur wird Technischer Direktor. In allen Fällen werden ihnen Mitarbeiter unterstellt.

Welche Ausbildung haben die drei erhalten, um andere Menschen anzuleiten, zu beurteilen, sie zu Leistungen zu bewegen? Hat einer von den dreien irgendwann eine Prüfung abgelegt, die ihn für die Leitungstätigkeit als geeignet (oder besonders geeignet) ausweist?

Wir wissen, das ist nicht der Fall.

Es gibt eine Kaderakte mit einigen Beurteilungen. Meistens wird darin bestätigt, daß der Beurteilte bisher seine Pflicht tat, und daraus wird geschlossen, daß er zur nächsthöheren Stellung geeignet ist.

Ich habe diese Regelung immer als höchst unbe-

friedigend empfunden. Zwar funktioniert dieses System einigermaßen, wenn auch mit einer hohen Rate an Fehlbesetzungen, aber ich selbst und viele andere Leiter sind der Ansicht, daß eine Ausbildung in der Menschenführung eine große Hilfe sein würde.

Natürlich gibt es Bücher, die sagen, wie ein sozialistischer Leiter sein soll oder sein sollte. Es gibt auch Lehrgänge in den Kombinaten und Ministerien. Aber weder die Bücher noch die Lehrgänge bringen in ausreichendem Maße das »Handwerkliche« der Leitungstätigkeit.

Der Schlosser weiß, wie er eine Feile halten muß. Der Zahnarzt kennt genau die richtige Haltung der Zange, um einen Zahn zu ziehen. Der Schweißingenieur besitzt dicke Bücher mit technischen Vorschriften.

Aber was sie genau tun und sagen müssen, um von ihren Mitarbeitern Höchstleistungen zu erreichen, das sagt ihnen niemand. Das Handwerkszeug zu einem guten (erfolgreichen) Vorgesetzten muß sich jeder weitgehend selbst erarbeiten. Meistens geht es nach der Methode: Versuch und Irrtum mit vielen Rückschlägen.

Wahrscheinlich ist es nicht böser Wille, daß die Ausbildung zum Chef so stiefmütterlich behandelt wird. Erfolgreiche Vorgesetzte haben selten Zeit und Lust, ihre Erfahrungen zu lehren oder gar ein Buch zu schreiben. Da alle Menschen verschieden sind, gibt es sicher auch viele Wege zum Erfolg. Die Leitungsmethoden in der Schlosserei sind sicher auch anders als die in einem Zahnlabor. Es ist unmöglich, alle Kombinationen, die auftreten können, zu beschreiben.

In der letzten Zeit ist ohne Frage die Forschung ein wichtiges, ja das wichtigste Gebiet, auf dem Probleme der Menschenführung zu lösen sind.

Die politische Forderung lautet ganz klar: Spitzenleistungen! Aber Menschen, die wissenschaftliche und technische Spitzenleistungen erarbeiten sollen, haben auch ein Anrecht auf die denkbar beste Führung!

Ich habe meine Erfahrungen und Gedanken zu einigen Fragen, die dabei auftreten, hier niedergelegt.

Leser fragten

Ab und zu werde ich zu einer Veranstaltung eingeladen, um dort über Leitungsmethoden zu sprechen oder aus meinen Büchern vorzulesen. Regelmäßig kommt es zu einem für mich (trotz aller

Gewohnheit) peinlichen Augenblick, wenn der Veranstaltungsleiter in der Begrüßung alle meine Leistungen aufzählt: Tätigkeit als Direktor, 200 wissenschaftliche Veröffentlichungen, 100 Patente, ein Dutzend Sachbücher und Romane.

Früher wollte ich einmal solche Aufzählungen untersagen. Aber mir ist dann eingefallen, daß die Zuhörer ein Recht darauf haben zu wissen, ob ich von den Dingen, über die ich rede oder schreibe, etwas verstehe oder nicht. Eigentlich, so meine ich heute, sollte jeder, der öffentlich auftritt, den Nachweis durch Leistungsangaben führen, daß er sachkundig ist.

Wenn du etwas von einer Sache verstehst, beweise es.

Erfahrungsgemäß kommt in der Diskussion nach einer Lesung die Frage: Wie schaffen Sie es zeitlich?

Eine ausführliche Antwort habe ich in dem Buch »Wege zum Erfolg« gegeben, das sich mit dem Problem der Leistung und der Zeit befaßt. Im Zusammenhang mit Büchern lautet dort die Antwort: Schreibe jeden Tag eine Seite, das ist nicht viel, aber in einem Jahr ist es ein Buch mit 350 Seiten.

Seltsamerweise hat mich noch nie jemand gefragt, warum ich schreibe. Doch bei dem vorliegenden Buch, das von Motivation, Gründen und Motiven handelt (um drei Ausdrücke für die gleiche Sache zu nehmen), ist die Frage nach dem Warum wohl unvermeidlich.

Ein Grund ist natürlich, daß es für Bücher, die

sich verkaufen lassen, vom Verlag Honorar gibt. Ich weiß, daß manche Schriftsteller diesen Punkt ungern in der Öffentlichkeit besprechen. Nach meiner Meinung soll der, der etwas leistet, auch bezahlt werden. Umgekehrt, wer Lohn oder Gehalt bezieht, ist auch verpflichtet, dafür etwas zu leisten.

Der Lohn muß der Leistung entsprechen. Aber die Leistung muß auch dem Lohn entsprechen.

Diese Umkehrung kommt mitunter in Vergessenheit. Ich habe immer gute Erfahrungen gemacht, wenn ich, notfalls öffentlich, die Beziehung zwischen Bezahlung und Leistung (nicht Arbeit!) hergestellt habe.

Immer daran denken: Leistung ist Arbeit, geteilt durch Zeit.

Ein weiterer Grund für das Bücherschreiben ist Dankbarkeit.

Ich habe von meiner Schulzeit bis ins Alter immer wieder Menschen getroffen, die mir von ihren Erfahrungen abgegeben haben. Ich glaube, ich war und bin in dieser Beziehung ein sehr gelehriger Schüler. Daher schrieb und schreibe ich nieder, was mir in meiner Laufbahn geholfen hat, in der Hoffnung, daß einige Leser davon Nutzen haben werden.

Zu meiner Freude erhalte ich viele Anerkennungsschreiben und sogar einige Dankesbriefe.

»Bücher machen weder gut noch schlecht. Aber sie machen besser und schlechter.« (Jean Paul)

Der dritte Grund für meine Bücher hängt mit der Existenz der DDR zusammen. Ich habe ein bißchen mitgeholfen, diesen Staat aufzubauen. Auf seine Vorzüge (an die wir uns meistens gewöhnt haben) bin ich stolz. Und über seine Unvollkommenheiten (die wegen der Vorzüge besonders auffallen) ärgere ich mich. Dieses Buch ist daher, wie alle meine Bücher, ein politisches Buch.

Zwar sind aller guten Dinge drei, doch ich will noch ein viertes Motiv angeben. Meine Gedanken niederzuschreiben, macht mir Spaß.

In den meisten Bürgern unseres Landes wirkt noch die alte christliche Tradition, nach der das Leben aus Müh' und Arbeit besteht und die Arbeit ein Fluch Gottes bei der Vertreibung von Adam und Eva aus dem Paradies war. »Im Schweiße deines Angesichts sollst du dein Brot essen.«

Erstaunlich viele, sonst sehr intelligente Menschen haben mir erzählt, wie schwer ihre Arbeit sei. Wenn ich sie dann auslachte und sagte, sie sollten nicht so angeben, in Wirklichkeit täten sie diese Arbeit doch gern, haben sie mich groß angeguckt und dann meistens zustimmend gelacht.

Wenn dir eine Arbeit Freude macht, sage es. Freude ist ansteckend!

Die Ausgangslage

Ende der fünfziger Jahre machten wir den Vorschlag, den Automatisierungsgrad der Schweißtechnik in drei bis vier Jahren von 4 Prozent auf 33 Prozent anzuheben. In den Jahren vorher hatten wir einige hundert Schweißingenieure und mehrere tausend Schweißer ausgebildet. Die grundlegende Erfindung, Schweißpulver, das damals unbedingt notwendig für die Automation war, aus einheimischen Rohstoffen zu erzeugen, war in einem Werke eingeführt. Damit waren die wichtigsten Vorbedingungen für einen Erfolg gegeben. Zwar gab es noch viele ungelöste Probleme. Doch offensichtlich gehörten sie nicht zu denen, die unlösbar waren.

Prüfe, ob vor deinem Ziel unlösbare Probleme liegen.

Solange wir keinen Einfall hatten, wie Schweißpulver aus DDR-Rohstoffen produziert werden konnte, war die ganze Automatisierung nicht durchführbar. Die Idee einer Erfindung kann nicht durch Beschlüsse oder Weisungen herbeigezaubert werden. Nur Forschung führt hier zum Ziel. Und das bedeutet: Tüchtige Fachleute müssen Arbeitsmöglichkeiten, Geld und ein Ziel erhalten. Wie lange sie benötigen, um das gesteckte Ziel zu erreichen, kann nur durch Erfahrung abgeschätzt werden, wobei immer nur eine Wahrscheinlichkeit, aber keine Gewißheit vorliegt.

Nach der Forschung folgt die Einführung. Sie dauert, selbst mit staatlicher Unterstützung, immer mehrere Jahre. Es müssen Maschinen konstruiert, gebaut und aufgestellt werden. Man muß Fachkräfte ausbilden. Der Betrieb muß sich mit der neuen Produktion vertraut machen. Alle diese Dinge nehmen viel Zeit in Anspruch, selbst wenn man alles tut, um sie zu beschleunigen.

Rechne zur Zeit für die Forschung noch mal die gleiche Zeit für die Einführung.

Doch nachdem diese Aufgabe damals gelöst war und die neu ausgebildeten Ingenieure und Schweißer auf die Automation warteten, war es richtig, das Risiko zu wagen und einen Entwicklungssprung zu machen.

Das große Ziel setzt viele kleine Ziele voraus.

Selbst wenn es nicht gelingen würde, die eine oder andere Vorbedingung zu lösen, so würde es doch möglich sein, Ausweichlösungen zu finden.

Es gibt in vielen Fällen mehrere Lösungen für ein Problem.

Beispielsweise stellte sich heraus, daß die Drahtwerke nicht den Draht in der Stärke liefern konnten (oder wollten), die für unsere Zwecke ideal gewesen wäre. Die technologische Umstellung auf andere Drahtdicken machte viel Ärger, aber sie war verhältnismäßig schnell lösbar.

Analysiere die Ausgangslage.
Prüfe, welche Unterprobleme durch Ausweichlösungen erledigt werden können und welche nicht.
Halte dich nicht zu lange mit der Analyse der Ausgangslage auf.

Dort, wo es an Entschlußkraft fehlt, ist es ein oft angewandter Trick, sich an der Analyse »festzuhalten«.

»Die Analyse des Kollegen Müller wird zur Kenntnis genommen. Sie ist ein erster Anfang. Kollege Müller wird beauftragt, die Analyse an Hand der gegebenen Hinweise zu vervollständigen.« In unzähligen Protokollen steht dieser Satz. Ihm voraus gingen »Diskussionsbeiträge«, die alle die schreckliche Floskel »Ich vermisse« enthielten. Aber keiner, der etwas vermißte, hatte gesagt, was genau in der Analyse stehen sollte. Alle sind froh, daß das Papier erst einmal für vier Wochen vom Tisch ist.

Nicht die Analyse ist das Wichtigste, sondern das Endziel.

Es kommt nicht darauf an, ob eine Analyse des Ist-Zustandes vollständig ist (obwohl sie natürlich möglichst vollständig sein soll), sondern darauf, ob alle Unterziele für das Endziel begutachtet werden.

Subjektiv oder objektiv

Im vorigen Abschnitt sprach ich über lösbare und unlösbare Probleme. Dabei stellte sich heraus, daß auch das unlösbare Problem durchaus lösbar war. Es war nur notwendig, die sogenannten unlösbaren Fragen zuerst zu lösen, bevor eine sachkundige Analyse sinnvoll war.

Im allgemeinen Sprachgebrauch haben sich die Bezeichnungen objektive und subjektive Schwierigkeiten eingebürgert. Wohl jeder Leser kennt die Lage, daß jemand kritisiert wird, weil er »vor subjektiven Schwierigkeiten kapituliert«, oder daß objektive Schwierigkeiten anerkannt werden.

Vor einiger Zeit fuhr mich ein Bekannter mit seinem Wagen durch Greifswald. Nahe dem Greifswalder Bahnhof mußten wir die Schienen der Reichsbahn überqueren. (Für Ortskundige: wir kamen aus der Richtung Grimmen und wollten durch die Stadt zum Atomkraftwerk in Lubmin.)

»Sie werden sehen«, unkte mein Bekannter, »die Schranken am Bahnhof sind bestimmt geschlossen. Erst gestern habe ich 20 Minuten davorgestanden.«

Nun hat für einen Autofahrer eine Minute Aufenthalt vor einer Schranke mindestens 300 Sekunden. Auch mir war von früheren Fahrten bekannt, daß diese Schranke oft und lange den Verkehr sperrt.

Tatsächlich war vor uns eine Autoschlange, die wartete. Mein Bekannter bremste und äußerte sich sehr mißbilligend über die Deutsche Reichsbahn.

Bevor er sich der Schlange anschloß, sagte ich: »Warum fahren Sie nicht rechts ab? Dort gibt es doch eine Unterführung.«

Wir hatten gerade noch Gelegenheit abzubiegen und konnten in schneller Fahrt Greifswald umgehen.

Für meinen Bekannten, der fast täglich vor der Schranke wartete, war sie eine objektive Schwierigkeit. Für mich, der unbelastet war, stellte der Bahnübergang ein subjektives Hindernis dar, das einfach umgangen werden konnte.

Was für einen eine objektive Schwierigkeit darstellt, ist für den anderen ein subjektives Hindernis und daher lösbar. Frage immer, ob es eine Umgehung für Schwierigkeiten gibt.

Als wir die ersten Roboter im ZIS bauten, legten wir fest, daß nur Elektronikbausteine aus dem RGW-Lager verwendet werden durften. Wo die Funktion eines Bausteines für eine einfache Lösung nicht ausreichte (wo die Hardware nicht da war), mußte durch eine etwas umständlichere Programmierung eine Lösung gefunden werden (es wurde mehr Intelligenz in die Software gesteckt). Aus den beiden Beispielen ist zu erkennen, daß die Frage der Schwierigkeit in Wirklichkeit eine Frage der Persönlichkeit ist.

Jedes technische Problem läßt sich auf den Menschen reduzieren, der es lösen will.
Selbst das größte »objektive Hindernis« läßt sich mit Intelligenz, Zeit und Geld lösen.

Nur Verstöße gegen die Naturgesetze sind wirklich unlösbar.

Ich kann mich an keine technische Schwierigkeit in meiner Laufbahn erinnern, die nicht lösbar gewesen wäre.

Der schöpferische Mensch überwindet jede Schwierigkeit – wenn er will.

Ziele und Wege

Nun wird manchem Leser sofort mindestens ein Gegenargument einfallen, das meine These von den subjektiven Schwierigkeiten und deren Reduzierung auf die geeignete Persönlichkeit widerlegen könnte. Man könnte fragen: Was geschieht, wenn der Mann, der das Problem lösen könnte, plötzlich stirbt? Meine Antwort lautet: Jeder Kosmonaut hat ein Double, das für ihn einspringt, wenn er Schnupfen hat (um nicht gleich vom Tode reden zu müssen).

In wichtigen Fragen rechtzeitig einen Ersatz vorsehen.

In Zeitungen und Reden taucht mitunter die Warnung vor Doppelentwicklung auf. Solange ich in der Forschung tätig war, habe ich dafür gesorgt, daß auf die wichtigsten Ziele immer mehrere Forschungsgruppen angesetzt wurden, die auf verschiedenen Wegen versuchten, das Ziel zu erreichen. Dieses Verfahren hat mehrere Vorteile.

Einmal wird, wie bei den Kosmonauten, weitergearbeitet, auch wenn eine Gruppe aus irgendeinem Grunde ausfällt. Zweitens weiß niemand vorher, welcher Weg zu einem Ziel der beste, d. h. kürzeste oder billigste oder gewinnbringendste ist. Und schließlich kann ein Wettbewerb zwischen den Gruppen nie schaden. Er weckt den Ehrgeiz und fördert die Leistung. Wir erhalten also durch diese Organisationsform eine Motivation.

Das gleiche Ziel auf verschiedenen Wegen bedeutet einen Leistungsanstieg.
Das gleiche Ziel auf gleichen Wegen bedeutet unnütze Doppelarbeit.

Leute, die Geld verwalten, werden vielleicht einwerfen, daß jede Forschungsgruppe bezahlt werden muß (das ist richtig) und daß man daher doch versuchen sollte, mit einer Gruppe auszukommen, um Forschungsmittel zu sparen. Aber wer kennt bei einer Forschungsaufgabe den besten Weg zu ihrer Lösung? Wenn man ihn kennen würde, gehörte das Problem nicht mehr zur Forschung.

Aufgabe der Forschung ist es, dem Verbraucher die Auswahl neuer Ergebnisse zu ermöglichen.

Wenn ein Forscher die Aufgabe übernimmt, innerhalb der nächsten fünf Jahre einen neuen Plastwerkstoff zu entwickeln, so weiß er nicht, wie nach diesem Zeitraum die Preise für Erdöl als Ausgangsprodukt sein werden. Vielleicht steht elektrischer Strom preisgünstiger zur Verfügung, und der Plast läßt sich aus Karbid herstellen. Vielleicht wird aber in der Zwischenzeit ein neues Verfahren zur Braunkohlenveredelung entwickelt, und die Chemiker können darauf zurückgreifen.

Der Forscher kann in der Regel bei der Entwicklung nicht die zukünftige Ökonomie abschätzen. Das können nicht einmal die Ökonomen. Das Statistische Jahrbuch der DDR für 1985 bringt eine interessante Zusammenstellung über Weltmarktpreise in Dollar je Tonne:

	Erdöl	Zinn	Kaffee
1975	85	6866	5056
1984	214	12240	3117

Ich selbst wurde in meiner Forschung von der Preisentwicklung des Aluminiums betroffen. Wir entwickelten gemeinsam mit ungarischen Forschern eine hochfeste, schweißbare Aluminiumlegierung. Doch der Weltmarktpreis verdoppelte sich. Nun merken die Bürger unseres Landes und auch die meisten Betriebe wenig von den Schwankungen auf den Auslandsmärkten. Aber wer von Berufs wegen darüber informiert ist, überlegt sich natürlich, ob er eine neue Legierung einführt, die zu teuer ist.

Parallel hatten wir über schweißbare Stähle mit erhöhter Festigkeit geforscht. Sowohl bei den hochfesten Stählen als auch bei der Aluminiumlegierung war das Ziel, leichtere Bauwerke zu schaffen.

Die Stahlforschung wurde uns sofort von der Industrie abgenommen. Der Nutzen übertraf den Aufwand für beide Forschungsarbeiten in einem Jahr um den zehnfachen Betrag.

Aber auch die Aluminiumforschung war nicht umsonst. Nach einigen Jahren wurden sehr leichte Behälter benötigt, um Mehl, Zement und ähnliche pulverförmige Stoffe auf Fahrzeugen zu transportieren. Dazu war die Aluminiumlegierung hervorragend geeignet, und der Preis für das Material spielte in diesem Fall keine ausschlaggebende Rolle.

Es ist immer gut, Zukunftsergebnisse in der Schublade zu haben.

Ein positives Beispiel aus der Mikroelektronik erleben viele von uns bei den Taschenrechnern. Um 1970 kostete ein guter Rechner noch soviel wie ein Motorrad. Heute gibt es hervorragende Rechner bereits als Bestandteil der Schulausrüstung.

Wer also vor 20 oder 10 Jahren Software und Schaltpläne entwickelte und mit teuren Mikrochips experimentierte, war auf dem richtigen Weg zum Ziel!

Die Zahlen lügen nicht

Ich halte das Statistische Jahrbuch der DDR für eines der spannendsten Bücher, die jährlich auf dem Markt erscheinen. Das Jahrbuch beantwortet unter anderem die Frage, warum Leitungsmethoden, Denkmethoden, Erfindungen, Motivationen und Zielsetzungen für uns immer wichtiger werden.

Es gibt etwa 8,9 Millionen Erwerbstätige in unserem Lande (ich nehme die Zahlen für 1985 und runde die Angaben ab). Davon arbeiten in der Industrie etwa 3,3 Millionen als Arbeiter oder Angestellte. Das sind etwa 37 Prozent. Die restlichen 5,6 Millionen sind in Handel, Verkehr, Bauwesen, Landwirtschaft oder sonstigen Bereichen tätig. Von den 3,3 Millionen Menschen in der Industrie sind etwas über 2 Millionen Produktionsarbeiter, aber 1,3 Millionen sind Direktoren, Raumpflegerinnen, Sekretärinnen, Pförtner oder Ingenieure und Meister.

Das Verhältnis 2 Produktionsarbeiter : 1,3 an sonstigen Tätigkeiten gibt zu denken.

Ich habe keine Zahl gefunden, wieviel Ingenieure in der Industrie arbeiten, doch weist das Jahrbuch für die gesamte Bevölkerung fast 2 Millionen Menschen mit Hoch- und Fachschulausbildung aus. Mehr als jeder fünfte Erwerbstätige hat also studiert.

Diese Zahl wird ergänzt durch die Angabe, wieviel Mitglieder die Ingenieur-Organisation KDT hat. Es sind etwa 270000.

Einerlei, ob wir von den 1,3 Millionen in der Industrie ausgehen, die nicht Produktionsarbeiter sind, oder von den 2 Millionen Hoch- und Fachschulabsolventen in der DDR oder von den 270000 Ingenieuren der KDT, in allen Fällen besteht das dringende volkswirtschaftliche Bedürfnis, daß sie mehr leisten als bisher.

Um die Produktivität der Handarbeit zu erhöhen, setzen wir Automaten, Roboter und die Mikroelektronik ein. 1975 benötigte die Industrie noch 18 Stunden, um für 1000 Mark Waren zu erzeugen. 1984 waren es nur noch 12,1 Stunden. Oder mit anderen Worten: In der Zeit, in der 1975 für 1000 Mark produziert wurde, fertigte man 1984 für 1500 Mark Ware an.

Aber um wieviel hat sich die Leistung in den anderen Bereichen erhöht? Leisten die Direktoren, Raumpflegerinnen, Sekretärinnen, Pförtner, Ingenieure und Meister (um die Aufzählung von vorhin zu wiederholen) heute auch 50 Prozent mehr als vor 10 Jahren?

Von Ausnahmen abgesehen, ist das nicht der Fall.

Daher müssen wir uns mit Methoden befassen, die auch ihre Leistung anheben. Das können bekannte Methoden sein, die man verbreiten muß. Es kann auch notwendig sein, neue zu erfinden. Es können Hilfen maschineller Art sein wie Computer. Es können Hilfen sein, die sich auf die Software von Computern stützen, z. B. CAD/CAM. Und es können einfach neue Denk- und Organisationsmethoden sein. Das ist am billigsten und insgesamt gesehen wohl auch der wirkungsvollste Weg.

Unser Gehirn ist der am einfachsten und am billigsten zu programmierende Computer.

Nur der Mensch kann Ziele erkennen oder einen Computer für die Zielsuche programmieren.

Nur der Mensch kann motiviert werden und für eine Sache streiten.

Im Jahre 1985 reichten die 2 Millionen Hoch- und Fachschulkader rund 11500 Patente ein. 1975 waren es nur 4560. Das ist in zehn Jahren mehr als eine Verdopplung. Aber man muß doch die Zahl 2 Millionen der Zahl 11500 gegenüberstellen. Nun sind unter den 2 Millionen natürlich auch Lehrer, Juristen und andere, denen eine Erfindung von der Ausbildung her vielleicht nicht so leichtfällt. Nehmen wir daher die 270000 Ingenieure und Wissenschaftler in der KDT (und bedenken, daß nicht alle Ingenieure dort organisiert sind). Das Verhältnis 270000 : 11500 bedeutet doch, daß etwa 4 Prozent der Fachleute etwas erfunden haben. Natürlich sind an einem Patent oft mehrere Erfinder beteiligt. An der grundsätzlichen Feststellung ändert das nichts; etwa 200000 (oder mehr) Fachleuten, denen wir eine gute Ausbildung gaben, ist nichts Neues auf ihrem Gebiet eingefallen.

Zum Nachdenken regt auch die Statistik der Neuererbewegung an. 1984 beteiligten sich 1,96 Millionen Werktätige mit Vorschlägen am Ausbau der Wirtschaft. Wenn dieses Buch erscheint, sind es sicherlich 2,2 oder 2,3 Millionen. Das sind stolze Zahlen.

Doch das Statistische Jahrbuch gliedert diese Zahlen auf. 2 Millionen Neuerer sind weniger als 20 Prozent der Berufstätigen. 1,3 Millionen der Neuerer sind Produktionsarbeiter. Nur 600000 Arbeiter und Angestellte aus der Millionenschar der übrigen meldeten neue Ideen an. Hier schlummern riesige Reserven.

Der wissenschaftlich-technische Fortschritt ist der Hauptfaktor der Intensivierung der Volkswirtschaft. Wir leben alle von der Volkswirtschaft. Daher ist doch eigentlich jeder verpflichtet, einen Beitrag zu ihrer Entwicklung zu leisten?

Nur wer seinen Beitrag zu einer Sache bringt, hat das Recht zur Kritik.

Die kleinen Schritte vorm großen Sprung

Durch mein Beispiel mit der Automatisierung der Schweißtechnik und die Zitate aus dem Statistischen Jahrbuch könnte der Eindruck entstehen, ich hielte nur Patente oder hochvergütete Neuerervorschläge für erwähnenswert. Das ist überhaupt nicht der Fall. Ganz im Gegenteil!

Vor einigen Jahren schrieb ich für einen Verlag,

der ein Jahrbuch herausgab, einen Aufsatz über das Erfinden. Als Beispiel führte ich folgendes Erlebnis an:

Meine Frau hatte Ärger mit den Rutschern ihrer Gardinen, die sich schwer hin- und herschieben ließen. Meine Tochter schaute von ihren Schularbeiten auf, sah ihrer Mutter zu und murmelte: »Reib die Gardinenstangen mit einem Öllappen ein.«

Der Lektor des Verlages beanstandete diese Stelle. Sie habe mit Erfinden wenig zu tun, und das Beispiel sei geeignet, das Erfindungs- und Vorschlagswesen zu diskriminieren.

Ich halte es auch heute noch für eine Erfindung, wenn man einen »längst bekannten Vorgang« anwendet, auf den ein anderer bisher nicht kam.

Keine Idee ist zu klein, um eingeführt zu werden.

Und wenn im vorigen Abschnitt die Rede von der Entwicklung der Volkswirtschaft war, so gehören dazu auch zufriedene Menschen, die sich nicht über eine »Kleinigkeit« zu ärgern brauchen.

Man stelle sich einmal vor, alle Kollegen und Genossen, männlichen und weiblichen Geschlechts, die hinter irgendeinem Schalter sitzen, würden sich Gedanken machen, wie sie eine (nur eine!) Verbesserung zugunsten der Bürger vor dem Schalter einführen könnten – und sie würden es auch tun!

Ich schreibe hier nur einige Stichworte als Anregung: körpergerechte Schalterhöhe, vereinfachte Formulare, Sitzgelegenheit, Aufruf nach Nummern, Verwendung der Wörter bitte – danke, Zusatzschalter bei Andrang.

Natürlich gibt es Menschen hinter den Schaltern, die sich um ihre Kunden bemühen.

Doch es ist nicht zu übersehen, daß viele (die meisten?) Maßnahmen zugunsten der Leute hinter dem Glasfenster getroffen werden.

Schlimm finde ich, wenn solche Maßnahmen noch begründet werden mit Floskeln wie: um besser auszunutzen, um zu rationalisieren usw. Aber nie mit dem Satz: Damit unser Kunde schneller, besser und freundlicher und ohne »Schlange« bedient wird.

Verbesserungen, die »die Stimmung« heben, haben einen großen Nutzen, auch wenn er sich nicht in Geld ausdrükken läßt.

Nun wird mancher einwenden, in unserer Dienststelle wird der Besucher vorbildlich bedient. Wir brauchten uns dann nur noch über das Maß für vorbildlich zu einigen. Anschließend wäre zu prüfen, ob es nicht doch ein Prozent vorbildlicher ginge.

Ich denke, an diesem Beispiel, von dem fast jeder von uns von Zeit zu Zeit betroffen wird, ist zu erkennen, wie einfach eine Zielsetzung sein kann.

Im »Wege zum Erfolg« schrieb ich, wie bedauerlich es sei, wenn Tausende von Dienstreisenden während der Reise schliefen, statt an ihren Unterlagen zu arbeiten.

Ein Leser schrieb mir, er müsse an jedem Wochenende drei Stunden mit der Bahn fahren. Bisher habe er sich maßlos gelangweilt. Nun habe er angefangen, in dieser Zeit zu arbeiten. Anfangs hätte er befürchtet, der Trubel im Abteil würde eine Konzentration unmöglich machen, inzwischen habe er zu seiner Überraschung festgestellt, er vertiefe sich so in die Probleme, daß die Umwelt für ihn versinke. Wöchentlich gewinne er durch diese Arbeitsmethode drei Stunden für andere Tätigkeiten. Das sind im Jahr 150 Stunden, also rund drei Wochen!

1 Stunde in der Woche = 1 Arbeitswoche im Jahr!

Der Hinweis, man könne während einer Auto- oder Bahnfahrt lesen oder schreiben oder nachdenken oder konferieren, ist trivial. Der Entschluß, sich diese Idee als Ziel zu nehmen, ist für manche Menschen nicht einfach. (Ich werde gestört, die paar Minuten, ich erhole mich lieber usw.)

Der Erfolg solcher einfachen Ziele ist oft verblüffend.

Besser ein kleines Ziel als gar keins!
Mögliche Ziele gibt es in riesigen Mengen. Man muß nur die Augen aufmachen.
Prüfe, welche die Langzeitwirkung deiner Ziele ist.
Wichtiger als Geld ist gewonnene Zeit. Geld kann man immer noch verdienen, wenn man Zeit gewonnen hat.

Ich berate alles

Kürzlich sah ich eine Professorin der Philosophie im Fernsehen. Sie erzählte, daß sie alles im Kollektiv berate und daß solche Beratungen eines der Kennzeichen des guten Leiters seien.

Nun weiß jeder, der in der Technik arbeitet, wie viele Entscheidungen täglich gefällt werden müssen. Wollte man jede vorher beraten, so würden 30 Stunden täglich nicht ausreichen. Auch müßte der sich beraten lassende Ingenieur im Gehalt zurückgestuft werden, weil in der Industrie (und anderswo) leitende Funktionen geschaffen wurden, damit dort schnell, sachgemäß und in persönlicher Verantwortung entschieden wird, vor allem in Einzelfragen.

Beratungen beschränken sich auf Grundsatzfragen.

Doch was eine Grundsatzfrage ist, darüber gehen die Meinungen weit auseinander.

Die Philosophin, von der die Rede war, verlangte übrigens mehr Verständnis der Mitarbeiter für den Leiter.

Wie weit die Grenze zwischen Beratungsbedürfnis einerseits und Entscheidungsnotwendigkeit andererseits in die eine oder andere Richtung verschoben wird, hängt zum größten Teil von der Persönlichkeit des Vorgesetzten ab. Wenn er Autorität, Vertrauen und Sachverstand besitzt, werden seine Kollegen auch ohne Beratung (was man darunter auch immer versteht) seine Entscheidungen billigen und zufrieden sein, wenn ihnen die Ziele der gemeinsamen Arbeit bekannt sind. Dann

besteht ein Teil der »Beratung« aus Neuerervorschlägen und Patentanmeldungen.

Verbesserungsvorschläge sind eine Form der Beratung. Prüfe, was deine Kollegen vorschlagen!

Wenn dem Leiter aber die für seine Tätigkeit wichtigsten Persönlichkeitsmerkmale fehlen, dann besteht ein vermehrtes Bedürfnis nach Versammlungen und Sitzungen.

Ich war um 1950 Mitarbeiter bei Professor Maurer, dem Erfinder des rostfreien Stahles. Maurer war damals ein 70jähriger Herr, der ziemlich autoritär das Institut regierte. Eines Tages empfahl ihm der damalige Minister Selbmann, die Mitarbeiter des Institutes mehr zu Beratungen heranzuziehen. Nun versammelte Professor Maurer täglich zum Posteingang seine sechs Abteilungsleiter um sich herum. Er las uns jeden Brief vor und übergab ihn dann dem Spezialisten zur Erledigung. Wenn nach einigen Stunden diese Information (jeder soll alles wissen) vorüber war, erholten wir uns eine Stunde. Dann war wieder Beratung über die ausgehende Post. Alle saßen wir da und hörten zu, wie Brief für Brief vom Chef vorgelesen, kommentiert und mit Änderungswünschen versehen wurde.

Wir waren zwar über den gesamten Geschäftsverkehr im Bilde. Wir lernten auch einiges von Professor Maurers unerschöpflichem Erfahrungsschatz. Aber die Arbeit im Institut beschränkte sich praktisch auf die Beantwortung von Briefen. Vor allem, niemand war zufrieden.

Information ist gut – zuviel Information hält von der Arbeit ab.

Der Hauptfehler von Professor Maurer war, alle Mitarbeiter zu zwingen, sich Dinge anzuhören, die sie größtenteils nicht interessierten. Wenn die Post des Fachmannes für Gußeisen verlesen wurde, langweilte sich der Spezialist für legierten Stahl.

Der nächste Fehler bestand darin, an einer Arbeit für einen Mann (Posteingang) sechs weitere Kollegen zu beteiligen. Damit sank die Arbeitsproduktivität fast auf Null.

Beachte auch bei geistiger Arbeit die Produktivität.

Ich habe damals sehr viel gelernt, was man alles nicht machen soll. Begriffen wie Leitungskollektiv oder Beratung im Kollektiv stehe ich mißtrauisch gegenüber. Es ist nicht einzusehen, warum beispielsweise der Kaderleiter anwesend sein muß, wenn ein Problem mit dem Forschungsdirektor gelöst werden soll. Und umgekehrt, warum die Zeit eines Wissenschaftlers in Anspruch nehmen, wenn geklärt werden soll, wie die Arbeit in der Verwaltung verteilt wird?

Kollektive sollen immer nur die Mitarbeiter enthalten, die an dem entsprechenden Thema fachlich beteiligt sind.

Da die Aufgaben und die Verantwortlichkeit in einem gut organisierten Betrieb festliegen (schriftlich!), gibt es eigentlich nie Zweifel, mit wem der Vorgesetzte sich beraten soll und wer unterrichtet werden muß.

Wenn jeder Mitarbeiter weiß, daß er gefragt wird, sobald seine Meinung als Fachmann benötigt wird, rufen nur Schwätzer nach mehr Beratung. Andererseits wirkt es sehr leistungsfördernd, wenn der Kollege für eine Frage, die ihn angeht, allein oder mit wenigen anderen Fachleuten zusammen um Rat gebeten wurde.

Frage den, der etwas von der Sache versteht.

Was ist ein Kollektiv?

Jedermann weiß, was ein Kollektiv ist, bis er es genau erklären soll. Dann kommen die Schwierigkeiten.

Sind es die Leute, die auf demselben Flur ihre Zimmer haben? Oder die, die in derselben Werkhalle arbeiten? Oder die, die sich gemeinsam verpflichteten, einmal monatlich ins Theater zu gehen?

Ich überprüfte einmal, wie viele Menschen an einem Forschungsauftrag irgendwann im Verlaufe eines Jahres mitarbeiteten. Das Ergebnis war verblüffend. Neben den in den Unterlagen namentlich aufgeführten fünf Personen hatten mehr als 100 Wissenschaftler, Schweißer, Ingenieure, Metallographen, Schlosser, Chemiker, Bibliothekare, Archivare, Lagerverwalter und andere damit zu tun.

Da im Institut weitere 80 Forschungsaufträge liefen, aber nur 400 Mitarbeiter vorhanden waren, gab es ein dichtes Netz von Beziehungen zwischen den einzelnen Themen und zwischen den Menschen, das organisatorisch überhaupt nicht erfaßt wurde.

Weißt du, wer an deinen Aufgaben alles mitarbeitet?

Die Schlußfolgerung daraus ist, daß die Ziele (und wie wir später auch sehen werden: die Motivationen) entsprechend unterteilt werden müssen.

Das Ziel der Mitarbeiter in der Bibliothek muß sein, für 80 Themen so schnell und so vollständig wie möglich die Literatur bereitzustellen. In der Werkstatt darf es keinen Zweifel geben, wie wichtig es ist, die Proben mit genauen Maßen herzustellen. Die Metallographinnen müssen bereit sein, auch die kleinste Veränderung im Gefüge zu finden und zu deuten.

Weißt du, warum deine Tätigkeit für das Ganze wichtig ist?

Eine Gleichgültigkeit an einer Stelle (»ich bin ja bloß ein winziges Rädchen«) kann weitgehende Folgen haben. Insgesamt hat jeder eine größere Anzahl kleiner Ziele vor sich. Wichtig ist, sie zu erkennen oder sie erklärt zu bekommen.

Laß dir sagen, warum deine Arbeit wichtig ist!
Erkläre, warum Aufträge, die du vergibst, so und nicht anders ausgeführt werden müssen!

Nun sind wir alle auf einem oder zwei Gebieten Spezialisten und auf eintausend anderen Gebieten Halbgebildete oder Laien. Darum ist es notwendig, in das Netz der Zusammenarbeit nicht nur Zuverlässigkeit einzuweben, sondern auch schöpferisches Mitdenken.

Wenn die Kollegin in der Bücherei sagt: »Und dann habe ich hier noch ein Buch, vielleicht können Sie es gebrauchen«, oder wenn der Schlosser sagt: »Wenn ich das Loch 1/100 mm kleiner mache, dann wird das Meßergebnis vielleicht genauer«, dann sind das die winzigen Schritte, die zum Gesamterfolg führen.

Daher müssen wir uns immer wieder mit den kleinen und kleinsten Zielvorgaben befassen. Das gilt natürlich nicht nur für die Forschung, sondern überall, auch in der Produktion. Eine Maschine besteht aus 1000, 10000 oder noch mehr Teilen, an deren Herstellung 100 oder 1000 oder 10000 Menschen beteiligt sind. Jedes Mitdenken fördert die Produktivität oder die Qualität.

Ich erlebte einmal, wie Ventile aus rostfreiem Stahl immer wieder versagten. Nach langem Suchen fanden wir die (lächerliche) Ursache. Ein Arbeiter schlug im Laufe der Fertigung einmal (!) mit einem eisernen Hammer dagegen. Rostfreier Stahl reagiert auf einen Schlag mit einem Hammer aus nicht rostfreiem Stahl sehr empfindlich. Der Eisenhammer wurde durch einen Holzhammer ersetzt, und alles war in Ordnung.

Eben nicht! Zu klären blieb noch die Frage, warum dem Arbeiter nicht gesagt worden war, er dürfe keinen Eisenhammer benutzen. Zwar hatte allgemein eine Belehrung stattgefunden. Doch diese »Kleinigkeit« war nicht so erklärt worden, daß sie in das Bewußtsein des Arbeiters, seiner Kollegen um ihn herum und seines Meisters eindrang. Die Einstellung war: »Auf die Kleinigkeit kommt es nun wirklich nicht an.«

Erst durch die Nachprüfung merkte die Werkleitung, daß die Mitarbeiter nicht wußten, wie teuer ein Ventil war. Als der Wert von 30000 M je Stück bekannt wurde, änderte sich die Einstellung in allen Fertigungsstufen. Es gab keine »Kleinigkeiten« mehr.

Hier war anfangs das Ziel nicht richtig gesetzt

worden. »Führe den folgenden Arbeitsgang an einem Ventil aus rostfreiem Stahl aus«, war offensichtlich nicht ausreichend. Es fehlte die Angabe »im Werte von 30000 M«. Erst durch diesen Zusatz ging der Begriff »rostfreier Stahl« in das Bewußtsein ein.

Betone immer, wie teuer ein Gegenstand, eine Maschine oder eine Minute ist.

Verantwortung ist nicht teilbar

Ich war über 30 Jahre Hochschullehrer im Nebenamt. Mit Bewunderung habe ich immer auf meine Kollegen geblickt, die in der Prüfungszeit stunden- und tagelang die Studenten befragten oder Prüfungsarbeiten durchsahen. Dazu fehlte und fehlt mir die Geduld.

Dort, wo Prüfungen vorgeschrieben waren, ließ ich die Studenten 10 Fragen auf einem Fragebogen beantworten. Bei diesem Prüfungsverfahren gibt es zwei Fragemöglichkeiten.

Die eine lautet etwa so: Wer hat die Oper »Aida« komponiert?

a Mozart
b Verdi
c Millöcker

Bei diesem System hat der Geprüfte immer 33 Prozent Wahrscheinlichkeit, richtig zu tippen, wenn er die Antwort nicht weiß. Diese Frageform ist verbreitet, aber nicht gut. Bei der anderen Methode lautet die Frage: Wer komponierte die Oper »Aida«? Hier weiß der Prüfling die Antwort, oder er weiß sie nicht.

Natürlich waren die Fragen bei mir technischer Art. Sie erforderten in der Regel als Antwort eine Zahl, eine Kurve oder einen Begriff.

Wer alle Fragen richtig beantwortete, erhielt eine 1. Für 9 gab es eine 2. Bei 7 richtigen Antworten stand eine 4 als Zensur. Und bei 6 und weniger eine 5.

Wie zu erwarten, erschien nach der ersten Prüfung eine Studentendelegation bei mir und beschwerte sich.

»Wir sind nicht gewohnt, so direkt gefragt zu werden. Bisher mußten wir über eine Sache ausführlich schreiben.«

»Sie wollen Ingenieure werden. Ihre Arbeiter werden Sie sehr direkt fragen. Daher können Sie direkte Antworten ohne Herumgerede gar nicht früh genug üben!«

»Aber die Bewertung ist viel zu hart. Bei anderen Professoren gibt es halbe Punkte, wenn der Ansatz richtig ist. Und wenn 50 Prozent der Fragen richtig sind, gibt es noch: ausreichend.«

»Als Ingenieur genügt eine falsche Antwort, und der Kessel explodiert, oder das Bauwerk bricht zusammen. Wenn Sie im Betrieb 50 Prozent richtige Antworten geben werden und 50 Prozent falsche, dann ist das Ende Ihrer Laufbahn abzusehen.«

Im Laufe der Jahre gewöhnten sich die Studenten an das Prüfungsverfahren, und die tüchtigen empfanden es als angenehm.

Gesetzlich ist in der DDR das Prinzip der Einzelleitung und persönlichen Verantwortung festgelegt.

Nur eine Person kann Verantwortung tragen.

Daher ist es auch richtig, daß bei der Zielfestsetzung einer und nur einer das entscheidende Wort hat.

Doch dieser eine ist dann auch verantwortlich vom Ziel bis zur Einführung.

Die Verantwortung reicht vom Ziel bis zum Erfolg.

Welchen Titel er führt, Projektleiter, Forschungsbeauftragter, Investitionsleiter usw., ist gleichgültig.

Der Hauptverantwortliche muß alle Einzelziele seinem Endziel unterordnen.

Wichtig ist, daß er sein Ziel erreicht! Sein Ziel hat Vorrang vor den Zielen seiner Mitarbeiter. Das heißt nicht, daß Mitarbeiter nicht Ziele verfolgen dürfen, die über das Maß hinausgehen, das für das große Ziel notwendig ist (natürlich in vernünftigen Grenzen!). Im Gegenteil. Mehrleistung ist immer erwünscht. Sie muß gefördert und anerkannt werden, auch wenn sie im Augenblick nicht benötigt wird.

Besser 50 Prozent zuviel Leistung als 1 Prozent zu wenig!

Die Erfahrung zeigt leider:
- wie Ziele ungenau formuliert werden,
- wie Ziele verschieden ausgelegt werden,
- wie Ziele angenommen werden, ohne daß der Verantwortliche ihren Umfang übersieht,
- wie Ziele angenommen werden, von denen der Verantwortliche nicht überzeugt ist,
- wie Ziele festgelegt werden, um formal den Anforderungen des Pflichtenheftes zu genügen.

Die Zielsetzung ist eine ernste Sache. Gehe keine Kompromisse ein!
Bestätige kein Ziel, das dir nicht einleuchtet!
Und vor allem: Wenn das Ziel feststeht, prüfe, ob deine Verantwortlichkeit und deine Rechte geklärt sind!

Mitunter wird, trotz der gesetzlichen Regelung über die Einzelleitung, versucht, kollektive Leitungsmethoden in der Industrie durchzuführen.

Ich stelle dann immer die Frage: Wenn du dich einer schweren Operation unterziehen mußt, was ist dir lieber: ein Arzt, der sagt, so und so wird es gemacht, oder einer, der sich vor jedem Schnitt mit Oberschwester Monika berät? Das schließt natürlich nicht aus, daß sich der operierende Arzt vorher mit Spezialisten konsultiert.

Das bessere Zeugnis

Zweimal im Jahr heben in mindestens zehntausend Familien die Mütter und Väter die Zeigefinger und fordern von ihren Sprößlingen bessere Zensuren im nächsten Zeugnis. Die Kinder nicken dazu willig und eifrig mit dem Kopf und sind im Prinzip durchaus bereit, das gesteckte Ziel zu erreichen. Der Erfolg ist aber meistens nur mäßig.

Nun wird auf das Kind oder den Lehrer oder das Schulsystem geschimpft. Doch die schlechte Note in Russisch oder Mathematik bleibt bestehen.

Dabei wissen die Erwachsenen, wie wichtig gute Zensuren für die späteren Berufsmöglichkeiten sind. Wir haben ja den Widerspruch, daß wir gute, mittelmäßige oder schlechte Leistungen bei Kindern belohnen oder bestrafen, wenn es um die Berufswahl geht.

Hingegen werden ihre Eltern vom Arbeitsrecht bei mittelmäßigen Leistungen geschützt. Niemand verliert seine Stellung, wenn er keine guten Leistungen bringt, selbst wenn zum Erlernen des Berufes sehr gute Schulzensuren gefordert werden.

Vielleicht sollten Eltern und Lehrer einmal nachdenken, ob die Zielsetzung, »in 6 Monaten, bis zum nächsten Zeugnis, mußt du dich in Russisch, Mathematik und Deutsch von 4 auf 2 verbessern«, ein 12jähriges Kind nicht überfordert.

Meistens verläuft das Schuljahr doch so: Robert oder Beate beginnen mit Unterstützung der Eltern fleißig, Hausaufgaben zu machen. Leider tritt nicht sofort ein Erfolg ein. In der ersten Klassenarbeit gab es wieder eine schlechte Zensur. Dann ist der Lerneifer der ersten Wochen gedämpft, und er schläft schließlich ganz ein.

Der Zieltermin muß überschaubar sein.

Auch Mißerfolge müssen einkalkuliert werden. Keine Eiche fällt mit dem ersten Streich.

Für Jugendliche ist ein halbes Schuljahr unendlich lang, und das nächste Zeugnis liegt in weiter Ferne. Daher ist es viel vernünftiger, kurze Zieltermine und andere Ziele zu nehmen.

Das Ziel: »Du willst in der nächsten Mathematikarbeit mindestens eine 3 schreiben, und dafür üben wir jetzt«, ist viel einleuchtender als die Forderung nach einem guten Zeugnis in 6 Monaten.

Ziele müssen den Zielgruppen angepaßt sein.

Selbst eine 4 in der nächsten Arbeit ist für das Kind jetzt leichter zu verkraften. Man kann dann als neues Ziel die nächste Klassenarbeit setzen.

Ich habe mir als Schüler mein Taschengeld mit Nachhilfestunden verdient und konnte mich damals wohl besser in die Lage »meines Schülers« hineindenken, als es Erwachsene können. Wilhelm Busch schreibt:

»Sie haben alles hinter sich –
und sind zum Glück recht tugendlich«

Der Weg zu hohen Leistungen gleicht einer Treppe. Mache die Stufen klein!

Auf die Adressen kommt es an

In der Operette »Der Vogelhändler« singt die berühmte Christel von der Post die Stelle mit der

Adresse. Der Komponist der Operette, Karl Zeller, war im Zivilberuf Beamter der kaiserlich-königlichen österreichischen Monarchie. Operetten schrieb er als Hobby. Er wußte genau, wie es im Schriftverkehr mit einer wohllöblichen Behörde darauf ankam (ankommt?), die richtige Adresse im richtigen Ton anzusprechen.

Im vorigen Abschnitt versuchte ich, dieses Problem am Beispiel der Schulzensuren verständlich zu machen. So ganz glücklich bin ich bei diesem Beispiel nicht. Kindererziehung geschieht selten nach dem Prinzip der Einzelleitung. Auch habe ich Bedenken, ob Lösungsmethoden aus der Industrie auf Familienprobleme angewendet werden dürfen.

Die Leser dieses Buches haben es wohl meistens mit Erwachsenen im Berufsleben zu tun, aber das Problem ändert sich nicht.

Vereinfacht lassen sich die Verhältnisse in einem Betrieb oder sonst einer Organisation so darstellen: Es gibt zwei Seiten. Die eine Seite möchte Geld haben, und die andere Seite darf oder muß das Geld bewilligen.

Beide Seiten wollen die Volkswirtschaft fördern, und wir können davon ausgehen, daß sie das Beste wollen.

Doch ob man Geld haben will oder Geld bewilligt, wirkt auf die Einstellung zu den Zielen, die besprochen werden. Außerdem sind wir alle Menschen mit Sympathien und Antipathien füreinander. Mitunter haben wir gut oder schlecht geschlafen. Mitunter sind wir »topfit«, mitunter völlig »down«.

Aber wir können die Sache drehen und wenden, wie wir wollen. Wer etwas will, muß zu richtigen Adressen im richtigen Ton greifen.

Wer etwas will, trägt die Beweislast, daß er Geld braucht.
Wer etwas bewilligt, trägt die Verantwortung, daß Staatsgelder richtig verwendet werden.

Die Schwierigkeit, die manche Leute nicht lösen können, besteht in der Einsicht, daß der Einreicher (Forscher, Investbearbeiter, Neuerer) ein Fachmann auf seinem Gebiet ist. Er hat sich auf dieses Gespräch vorbereitet. Er weiß, worum es sich dreht. Er ist, in den meisten Fällen, etwas fanatisch in bezug auf seine Ideen.

Hingegen besitzt der Mann, der das Geld bewilligen soll, selten die notwendigen Spezialkenntnisse. Er hat dafür meistens den besseren Überblick über die Möglichkeiten des Betriebes und die Perspektiven der Volkswirtschaft.

Normalerweise holt der Geldgeber sich Berater aus seinem Betrieb oder aus anderen Betrieben oder Instituten. Diese haben meistens auch keine besonders tiefen Kenntnisse auf dem zur Beurteilung anstehenden Gebiet. Sie sind auch selten echt an den Problemen interessiert, denn sie sollen die Aufgabe weder durchführen, noch hängen ihre eigenen Sorgen davon ab.

Allen gestehen wir ausdrücklich den guten Willen zu. Doch, um es nochmals zu betonen, ihre Blickpunkte sind unterschiedlich.

Wenn du Geld für deinen Zweck willst, bedenke, wie schwer es dir fallen würde, es für andere Zwecke zu bewilligen.
Wenn du Geld bewilligen sollst, bedenke, Geld im Tresor schafft keine Werte.
Wenn du Gutachter bist, halte dich an die Regel: Im Zweifel für den, der Leistung anbietet.

Die Anzeige

Die meisten Betriebe suchen Mitarbeiter. Mitunter erhalten sie die Genehmigung, eine Zeitungsanzeige aufzugeben oder ein Plakat auszuhängen.

Das sieht dann etwa so aus:
Hilf mit, die großen Aufgaben unseres Kombinates zu erfüllen!
Für versorgungspolitische Aufgaben suchen wir:
Beiköchinnen und Hilfspersonal.
Wir bieten: Qualifizierungsmöglichkeit
gute Bezahlung
Ferienheime
usw.

Genaugenommen, ist eine solche Anzeige eine Zielsetzung. Für den Betrieb hängt sehr viel von dem Erfolg ab. Man sollte daher annehmen, jedes Wort sei überlegt. Zuerst: welche Adresse oder, wie man in der Werbung sagt, Zielgruppe soll angesprochen werden. Es ist ziemlich sinnlos, auf einer Anzeige um Schlosser und um Hochschulabsolventen zu werben.

In dem Beispiel, das ich von einer Anzeige in Halle übernahm, suchte man Arbeiterinnen für einen Dienstleistungsbetrieb.

Sicher ist der Erfinder des Plakates auf den Ausdruck versorgungspolitisch sehr stolz. Doch wenn man ihn fragen würde, was er damit meine, käme er bestimmt ins Stottern. Es handelte sich um Kartoffelschälen, Geschirr abwaschen und sonstige Arbeiten in einer Großküche.

Staple nicht hoch, es kommt doch heraus!

Wie wäre es, wenn in der Anzeige stünde: »Wir suchen Frauen oder Männer, die Lust haben, bei uns in der Großküche zu arbeiten. Die Küche ist mit den neuesten Maschinen eingerichtet. Die Arbeit ist daher viel angenehmer als in den Küchen alter Art.

Sehen Sie sich doch unseren Betrieb einmal an.«

Auf dem Plakat geht es nach der Aufstellung, was gesucht wird, weiter mit: wir bieten. Das steht in 99 Prozent aller Anzeigen.

Ich kann mich kaum erinnern, in der DDR einmal gelesen zu haben, was der Betrieb (der ja Lohn und Gehalt zahlen will) eigentlich verlangt. Das wird besonders deutlich, wenn um Hoch- und Fachschulkader geworben wird. Sehr selten werden die notwendigen Spezialkenntnisse und die geforderte Praxis aufgeführt. Der Erfolg ist, wenn in der Anzeige steht: Gehalt nach HF 4, daß sich alle HF 3-Empfänger melden, die sich verbessern wollen.

Sage immer, welche Leistungen du verlangst. Nach der Erfüllung der Leistungen richtet sich das Gehalt.

Nun kommt bestimmt das Gegenargument. Wenn der Betrieb nicht als erstes Gehalt, Wohnung und Prämie bietet, kommt niemand.

Ich denke, das liegt am Betrieb!

Natürlich wollen wir alle möglichst viel verdienen. Aber ich bin bei Neueinstellungen immer auf Verständnis gestoßen, wenn ich zuerst über Leistung sprach. Natürlich haben auch einige Bewerber abgewinkt, wenn sie merkten, daß etwas verlangt wurde.

Doch die guten Leute (auf die es ankommt!) haben zugesagt und fingen oft mit Gehaltseinbußen an zu arbeiten.

Auf alle Fälle sind Stellenanzeigen ein schönes Beispiel, wie und wem man in verständlicher Form sagen muß, was man haben will, das heißt, erfolgreiche Anzeigen sind so aufgebaut.

Die richtige Formulierung

Nehmen wir einmal an, in einem Betrieb, der Haushaltsgeräte produziert, kommt ein Ingenieur auf die Idee, einen neuen Staubsauger zu entwerfen.

Die Festlegung, daß jährlich etwa 30 Prozent der Produkte neu sein müssen, zwingt den Werkdirektor zu einer wohlwollenden Haltung zu diesem Projekt, obwohl der alte Staubsauger »immer noch vom Handel abgenommen wird«. (Ein schreckliches Argument!)

Wir gehen aus von den in der DDR im Jahre 1987 üblichen Staubsaugermodellen und überlegen, welche Ziele der Forschungsingenieur seinem Direktor vorlegen kann.

1. Ich will einen Staubsauger konstruieren, der moderner ist und einen höheren Gebrauchswert als der alte hat.

Was heißt modern? Wie mißt du den Gebrauchswert, und wer mißt ihn?

Vermeide sinnlose Schlagworte. Du bist Ingenieur.

2. Ich will einen Staubsauger konstruieren, der weniger Masse besitzt und eine stärkere Saugkraft.

Steht die Masseneinsparung im richtigen Verhältnis zum Aufwand? Wird wirklich eine stärkere Saugkraft von der Hausfrau gewünscht? Manche Saugertypen gestatten, die Saugkraft einzustellen. Gibt es eine Untersuchung, wie die Hausfrauen den Wahlschalter für die Saugkraft einstellen?

Unser Ingenieur hat das Gefühl, mit den bisherigen Vorschlägen nicht die Weltspitze zu erreichen. Daher fragt er seine Frau, wie ein Staubsauger sein müßte. Sie stellt ihr Gerät so, daß ein Sonnenstrahl auf den Luftaustritt fällt. Mit Staunen sieht der Staubsaugerkonstrukteur, wie ein Strom feinster Staubteilchen aus dem Staubsauger herauskommt und im Sonnenlicht tanzt.

»Ich hätte nie gedacht, daß ein Staubsauger Staub produziert«, spricht er zu seiner Frau.

Der Ingenieur eilt in sein Büro und formuliert:

3. Hausfrauen müssen vermehrt Staub wischen, weil unsere Staubsauger feinen Staub ausstoßen. Ich will daher ein Gerät konstruieren, das staubarme Luft (mit so und so viel Teilchen pro m^3) ausbläst.

Diese Zielvorstellung enthält zum ersten Mal eine Formulierung, die der Heuristiker Professor Johannes Müller (Karl-Marx-Stadt) mit »volkswirtschaftliches Bedürfnis« bezeichnen würde.

Wer ein Bedürfnis der Verbraucher befriedigen will, liegt mit seinen Zielen richtig.
Nicht jedes Bedürfnis ist den Verbrauchern (Konsumenten oder Industrie) auch bewußt.

Aufgabe des Entwicklers ist es, Bedürfnisse aufzuspüren.
Zielformulierungen beginnen vorteilhaft mit der Feststellung des Bedürfnisses.

Natürlich möchte jeder Betrieb und jede Hausfrau Erzeugnisse mit »höherem Gebrauchswert« kaufen. Voraussetzung ist aber, daß der höhere Gebrauchswert auch wirklich den Bedürfnissen des Käufers entspricht.

Unser Ingenieur ist stolz auf sein neues Ziel. Er berichtet seinem Freund, einem Arzt, davon.

»Ich habe mich schon lange gewundert«, sagt dieser, »daß noch niemand ernsthaft auf den gesundheitsschädlichen Einfluß von Staubsaugern hingewiesen hat. Sie saugen ja nicht nur Staub vom Teppich und pusten die kleinen Teilchen in die Zimmerluft. Sie nehmen auch Bakterien und Pilze auf und blasen sie schön gleichmäßig in die Gegend.«

Frage immer wieder Fachleute aus anderen Wissenszweigen.

Der Ingenieur eilt in seinen Betrieb und formuliert:

4. Hausfrauen müssen vermehrt Staub wischen und sind dem Angriff von Krankheitskeimen ausgesetzt, weil unsere Staubsauger feinen Staub und Bakterien sowie Pilze ausstoßen. Ich will daher ein Gerät konstruieren, das staub- und bakterienarme Luft (es folgen die Maßzahlen) ausbläst.

Beim Verlassen seines Büros sieht er, wie eine Raumpflegerin gerade den Papierbeutel mit grobem Staub aus ihrem Staubsauger nimmt.

»Ich dachte immer, das ginge hygienisch einwandfrei«, sagt er kopfschüttelnd und eilt an seinen Schreibtisch zurück.

Sieh ruhig einmal zu, wie dein Gerät arbeitet.

Er läßt den bisher geschriebenen Teil seiner Ziele stehen und fügt hinzu:

5. Statt in einem Staubbeutel lose gesammelt zu werden, soll der Staub zu Granulat gepreßt werden.

Mit dieser endgültigen Formulierung geht er zu seinem Vorgesetzten. Der wiegt sein Haupt und meint: »Sehr gut, aber wer soll das bezahlen?«

Ich weiß nicht, wieviel Erfahrung unser Ingenieur in der Beantwortung solcher Fragen hat. Ich hätte geantwortet: »Die Forschung kostet 120000 Mark (oder sonst einen Betrag) und soll drei Jahre dauern. Was der Staubsauger in der Produktion kosten wird, kann niemand sagen. Aber wenn wir keine Prototypen bauen, werden wir nie wissen, wie teuer das Modell wird.«

Der Direktor wird sicher fragen: »Und wie wollen Sie die technischen Probleme lösen?« (Er wird als fortschrittlicher Direktor sagen: realisieren!)

Die richtige Antwort kann nur lauten: »Wenn ich das genau wüßte, brauchten wir nicht zu forschen. Technisch bekannt sind elektrostatische Entstaubungsanlagen, Entkeimungsanlagen mit ultraviolettem Licht und Pelletierungsanlagen.

Warum sollte es nicht möglich sein, solche Vorrichtungen in einem Staubsauger unterzubringen?«

Wahrscheinlich kennt der Staubsaugerkonstrukteur noch mehr technische Möglichkeiten, auf die er zurückgreifen kann. Er hat aber recht, wenn er Ziel und Lösungswege strikt auseinanderhält.

Wir verlassen den Staubsaugerbetrieb in der Hoffnung, daß irgendwann ein Staubsauger in den Handel kommt, der noch viel bessere Eigenschaften aufweist als der, den unser Ingenieur entwikkeln will.

Einige Gesichtspunkte ergaben sich aus dieser kleinen Geschichte. Diese Gesichtspunkte gelten überall in der Forschung, bei Investitionen und bei neuen Organisationsformen.

Alles, was denkbar ist, wird technisch ausprobiert.
Wenn du es nicht tust, macht es ein anderer und streicht den Gewinn ein.
Ohne Risiko säßen wir noch in der Steinzeit.
Wo ein Bedürfnis ist, muß nach einer Lösung gesucht werden.
Das Ziel soll (möglichst) das zu befriedigende Bedürfnis und die Parameter seiner Befriedigung enthalten.

Schwerpunkte setzen

Es ist eine einfache Rechnung. In jedem Volk gibt es prozentual gleichviele intelligente Menschen. Es sei dahingestellt, ob sie unter den jeweiligen ökonomischen und politischen Verhältnissen ihre Fähigkeiten voll nutzen können. Aber wenn wir Staaten mit gleichen Gesellschaftssystemen betrachten, gibt es keinen Zweifel, daß zum Beispiel in der UdSSR das Potential an begabten Forschern 17mal größer ist als in der DDR.

Mit anderen Worten: Es gibt Gebiete, auf denen in der UdSSR geforscht wird, für die wir einfach keine Kapazitäten frei haben. Daher gilt die Regel: Je kleiner das Land, desto wichtiger ist es, sich auf Schwerpunkte zu konzentrieren.

Daher ist es so wichtig, den Zielen das volkswirtschaftliche Bedürfnis voranzustellen.

Ich las in einer Tageszeitung ein Interview mit dem Forschungsdirektor eines Kombinates. Der Artikel nahm eine ganze Seite (nebst Foto) ein. Demnach schien die Redaktion die Leistung des Kombinates auf diesem Gebiet für beispielhaft zu halten.

Es drehte sich um die Entwicklung eines neuen Baustellenwagens.

Baustellenwagen dienen dazu, Monteuren und Maurern, aber auch Erntekolonnen Unterschlupf zum Umziehen und Frühstücken zu bieten. Einige Betriebe benutzen diese Fahrzeuge auch als Bungalow-Ersatz auf Campingplätzen.

In dem Zeitungsinterview berichtete der Direktor mit einigem Stolz, wie sein Betrieb in 6 Monaten (»in nur 6 Monaten«) den neuen Wagen entwickelte. Aus dem Text ging dann hervor, daß anstelle der alten Beplankung aus Hartpappe mit Kunststoffüberzug nun zwei Aluminiumbleche, zwischen denen eine Schaumstoffschicht liegt, verwendet werden. »Der neue Wagen besitzt einen erhöhten Gebrauchswert«, hieß es in der Zeitung.

Neugierig erkundigte ich mich nach weiteren Einzelheiten. Der erhöhte Gebrauchswert besteht in einer besseren Isolation und einer erhöhten Lebensdauer. Mein Gewährsmann sprach von 40 Jahren! Neben dem erhöhten Gebrauchswert stieg der Preis des Wagens um etwa 50 Prozent auf fast 35 000 Mark.

Nun nehme ich an, daß alle an dieser Entwicklung Beteiligten sich genau überlegten, was sie taten. Und sicher haben gewichtige Gründe für den neuen Wagen gesprochen. Trotzdem habe ich versucht, das volkswirtschaftliche Bedürfnis unter Beachtung der Schwerpunkte zu formulieren.

Zur ökonomischen Hauptaufgabe, die von Partei und Regierung gestellt ist (und jetzt 1987 noch läuft), gehört das Wohnungsbauprogramm. Es gibt keinen Zweifel, daß das Programm um so besser erfüllt wird, je geringer die Nebenkosten, zu denen Baustellenwagen gehören, sind. Natürlich muß das Wohlbefinden der Arbeiter gesichert sein.

Suche Schwerpunkte für deine Ziele.

Daraus ergibt sich das Ziel (das ich gewählt hätte):

Das Wohnungsbauprogramm erfordert Baustellenwagen, die möglichst billig sind und genügend Komfort für die Belegschaft bieten. Daher will ich einen Wohncontainer mit folgenden Isolationseigenschaften konstruieren, der bei Bedarf auf einem LKW verladen werden kann. Der Preis soll unter dem unseres bisherigen Baustellenwagens liegen.

Wenn eine Maschine schon jahrelang erzeugt wird, muß sie gründlich neu konstruiert werden.

Wahrscheinlich würde bei der Besprechung über dieses Vorhaben der Einwand kommen, man könne nicht von dem Wagenprinzip abgehen.

Der Forschungsdirektor hätte für diesen Fall sicherlich eine Statistik bereit, aus der ersichtlich ist, wie selten Baustellenwagen bewegt werden. Seine vier Autoräder sind in den meisten Fällen glatte Verschwendung.

Prüfe immer, ob alle Teile einer Maschine notwendig sind.

Weiter würde er erklären, daß das stählerne Untergestell niemals so lange halten wird wie der neue Aluminiumcontainer, nämlich 40 Jahre.

Bauteile müssen in der Lebensdauer zusammenpassen!

Der kritische Weg

Nach meinen Beobachtungen kann man den meisten Menschen noch so oft erzählen, sie sollen positiv denken, sie zählen trotzdem als erstes die Punkte auf, die – nach ihrer (meist falschen) Ansicht – nicht gehen. Nach dem Abschnitt über volkswirtschaftliche Schwerpunkte wird aber mancher Leser mit Recht sagen: Das trifft auf mich nicht zu. Ich befasse mich mit rein betrieblichen Verbesserungen, die sich höchstens indirekt auf die Volkswirtschaft auswirken.

In einigen hundert Werken und Kombinaten habe ich mich im Laufe meiner Dienstzeit erkundigt, nach welchen Gesichtspunkten die Verbesserungen im Werk geplant werden. Sehr selten fand ich einen Direktor, der darüber eine Vorstellung hatte.

Meistens wird der Arbeitsplatz, über den sich die Werkleitung aus irgendwelchen Gründen ärgert, als besonders verbesserungswürdig genannt.

Weißt du, wo in deinem Verantwortungsbereich die meisten Verluste liegen?

Auch hier soll uns ein Beispiel das Problem und seine Lösung verdeutlichen.

Ein urlaubsreifer Mann aus der weiteren Umgebung von Berlin will in seinen Urlaubsort Klein-Hinterschnulzendorf reisen. Der Urlaubsort soll irgendwo im schönen Mecklenburg zwischen Neubrandenburg und Neustrelitz liegen. Leider sind es bis zur nächsten Bahnstation 10 Kilometer. Einmal täglich um 17 Uhr verkehrt ein Omnibus zwischen der Station und dem Ort.

Unser Urlaubsreisender überlegt: Um nach Berlin zum Fernbahnhof zu kommen, kann er Züge benutzen, die fast stündlich abfahren. Er könnte als letzten Zug den um 11 Uhr nehmen. Dann wäre er um 12.10 in Berlin und könnte um 12.15 in den Zug Richtung Mecklenburg einsteigen. Aber soll er der Pünktlichkeit der Reichsbahn trauen? Lieber fährt er schon um 10 Uhr und wartet in Berlin eine Stunde auf den Anschluß. Gegen 14 Uhr ist er in Neubrandenburg. Dort hat er kurz nach 14 Uhr Anschluß an einen Personenzug, der ihn zu der Bahnstation bringt. Ab 15 Uhr wartet er dort auf den Bus.

Der Fachmann erkennt sofort, es handelt sich hier um ein Transportproblem. Das Material »ein Mensch« wird über mehrere Stationen mit verschiedenen Technologien (S-Bahn, D-Zug, Bus) transportiert.

Der Durchlauf eines Stücks Blech im Betrieb vom Wareneingang bis zum Fertigteil unterscheidet sich von unserer Reise nur durch die Zahl der Stationen.

Unser Urlauber überlegt während der Fahrt, was er an dieser Reise verbessern könnte (er ist ein leistungsbewußter Mensch und arbeitet geistig während der Zugfahrt)! Ihm leuchtet ein, daß er an dem Fahrplan der Reichsbahn nichts ändern kann. Es bleiben ihm folgende Möglichkeiten, um schneller sein Urlaubsziel zu erreichen:

– Er kann seinen Trabi benutzen (d. h. eine vollständig neue Technologie wählen);
– er kann auf der letzten Bahnstation ein Taxi nehmen;
– er kann die 10 Kilometer zu Fuß laufen (eine Möglichkeit, an die selten gedacht wird!).

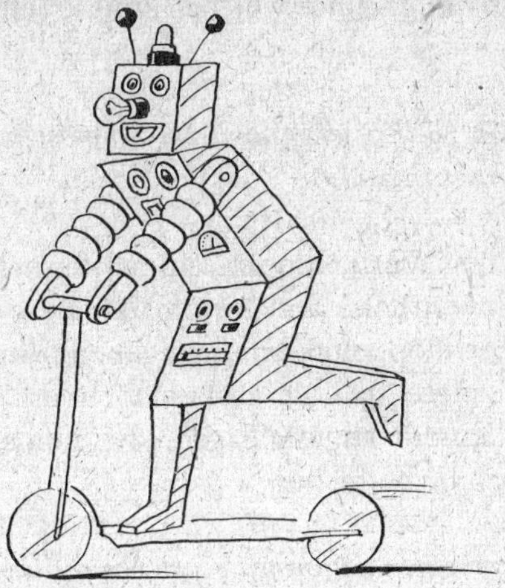

Oft können Wartezeiten durch ganz einfache Methoden überbrückt werden.

Offensichtlich gibt es Reiseabschnitte, die unser Mann verändern kann (er fährt um 10 Uhr statt um 11 Uhr ab). Doch diese Änderungen haben keinen Einfluß auf seine Ankunftszeit. Die Ankunftszeit kann er nur auf der letzten Strecke beeinflussen (oder er muß eine ganz neue Reisetechnologie wählen). Also ist der letzte Abschnitt der Schwerpunkt des Problems.

Graphisch können wir den Fall mit den verschiedenen Methoden des Netzplanes darstellen. Es gibt weitere Namen für Abwandlungen, z. B. PERT, kritischer Weg usw.

Ausarbeitungen dieser Art sagen uns für jeden »Arbeitsgang«, wann er frühestens beginnen kann (Abfahrt), spätestens beendet sein muß (Anschluß an den Zug) und welche Punkte entscheidend sind.

Netzpläne helfen unter anderem Schwerpunkte für Verbesserungen finden.

Auf einer Werft, die ich einmal besuchte, wurde als Schwerpunkt der Automatisierung die Fertigung des Doppelbodens angegeben. Eine Untersuchung zeigte, daß die größten Zeitverluste aber in der Kleinteilfertigung lagen, die immer als »Nebenbetrieb« betrachtet wurde.

Viele Verbesserungen bedeuten noch nicht Verbesserungen des Betriebes.
Bilde keine Schwerpunkte »nach dem Gefühl«. In der Technik geht alles über Maß, Zahl und Gewicht.
Prüfe, ob deine Verbesserung sich auf das Ziel des Betriebes auswirkt.

Über die Mode

Die Kunst der Frauen besteht darin, sich modisch zu kleiden, aber nur das mitzumachen, was zum Typ paßt. Die Erfahrung lehrt, einige beherrschen dieses Problem sehr gut, andere tapsen daneben, und dazwischen gibt es alle Stufen.

Die männlichen Wissenschaftler, Ingenieure, Neuerer und Ökonomen sind sicher nicht so modebewußt wie ihre weiblichen Kolleginnen, obwohl es immer mehr Männer gibt, die sich entsprechend den Vorschlägen aus der PRAMO anziehen. Doch, ob weiblich oder männlich, in der Wahl der Forschungsthemen und der Mittel zu ihrer Lösung gibt es auch Modeströmungen.

Im einfachsten Fall handelt es sich um die Gestaltung von Autokarosserien, die eine Pontonform haben müssen oder ein Stufenheck oder Heckflossen. Alle Erscheinungen lassen sich natürlich auch technisch begründen.

Weniger auffällig sind technische Lösungen wie sicken, abkanten oder besondere Konstruktionsformen. Sie gehen meistens von einem bekannten Konstrukteur oder Technologen aus, der eine »Schule« gründet. Gegen diese Mode ist natürlich nichts einzuwenden, wenn sie bessere und billigere Lösungen gibt als bisher.

Bedenklich wird es, wenn die Vorliebe für bestimmte Lösungen aus dem Studium einer (meist ausländischen) Zeitschrift stammt. Ich hatte mehrere Jahre lang einen Vorgesetzten im Ministerium, der eine englische Zeitschrift las, in der alle möglichen Erfindungen in Kurzfassungen aufgelistet wurden wie in der DDR in der »Technischen Gemeinschaft« der KDT. Solche Kurzfassungen sind sehr anregend und nützlich. Doch mein Chef ließ sich zu Besprechungen alle Kurzfassungen über Schweißtechnik heraussuchen. Er ging von dem Standpunkt aus: Was nicht in der englischen Zeitschrift stand, kann nicht gut sein, und was schon drin stand, ist jetzt für die Entwicklung veraltet. Wie man sieht, ist es möglich, mit dieser Auffassung jeden Fortschritt zu stoppen. Natürlich bekamen wir bald heraus, woher unser Vorgesetzter seine Weisheit bezog. Nun war es nicht mehr schwer, ihn zu befriedigen. Wir nahmen einfach in jedem Antrag Bezug auf die betreffende Zeitschrift und schrieben, wir wollten das, was dort stand, überbieten und besser machen. Nachträglich erscheint ein solcher »opportunistischer Weg« nicht einwandfrei, aber er führte am schnellsten zum Ziel.

Nicht verwechseln darf man Modeerscheinungen mit Festlegungen von Partei und Regierung wie »Einführung von Robotern, Einführung der Mikroelektronik« usw. Ich halte solche Beschlüsse für eine der großen Möglichkeiten in unserer Wirtschaft.

Es ist aber falsch (wie es mitunter geschieht) zu verlangen, daß jede Entwicklung von Staats wegen beschlossen wird. Beschlossen wird das Ziel (60000 CAD/CAM-Plätze). Den Weg zu beschreiten und das persönliche Ziel zu erreichen, ist die Leistung des einzelnen. Es ist auch nirgends verboten, neue Ziele zu stecken und zu erreichen! Wichtig scheint mir, daß die Möglichkeiten solcher großen Beschlüsse voll genutzt werden.

In den fünfziger Jahren wurden die kassierenden Schaffner in den Straßenbahnen abgeschafft. Diese einfache Maßnahme reduzierte das Personal bei einem 3-Wagen-Zug von 4 auf 1.

Organisatorische Einsparungen sind meistens die billigsten und erfolgreichsten.

Daß die Straßenbahn einen uralten Zopf aus der Pferdebahnzeit abschnitt und dabei 50 bis 75 Prozent Personal ohne besondere Investition einsparte, war eine große Leistung.

Nun war noch zu klären, in welcher Form kontrolliert wird, ob der Fahrgast bezahlt hat. Hier wäre wieder eine Möglichkeit gewesen, die Vorteile unseres Gesellschaftssystems zu nutzen. Gleiche Tickets und gleiche Entwertersysteme hätten es ermöglicht, daß ein Leipziger, der abends um 22 Uhr in Halle ankommt, mit seinem Fahrschein die hallische Bahn benutzen kann. Leider wurde diese Gelegenheit versäumt, und daher müssen Reisende entweder die Fahrscheine von mehreren Städten in der Tasche haben oder, wenn sie nachts ankommen, einen Einheimischen um einen Schein bitten.

Mit Standardisierung läßt sich viel erreichen!

Während in anderen Städten Fahrscheinentwerter mit Handbedienung eingeführt wurden, wollten die zuständigen Leute in Halle unbedingt einen Entwerter mit Elektronik.

So wurden in jedem Wagen drei Vorrichtungen, jede fünfmal so groß wie die üblichen Entwerter, angebracht.

Wenn der Fahrgast den Fahrschein mühsam (denn die Bahn schleudert hin und her) in den dafür vorgesehenen Schlitz gesteckt hatte und der Schein 1. gerade eingeführt wurde, 2. tief genug eingeführt wurde, 3. nicht feucht war, 4. das Fahrscheinpapier die richtige Dicke hatte (!), machte es laut klapp, und der Schein war gestempelt. Waren die Punkte 1 bis 4 nicht erfüllt, was oft der Fall war, konnte man weiter probieren, z. B. zwei Scheine hintereinanderlegen, was mitunter half.

Bei gleichem Zweck ist der Apparat mit dem größten Gehäuse selten der beste.

Nach Jahren des Ärgers und des Spottes wurden die großen Elektronikkästen durch kleine Handlocher ersetzt. Ungeklärt ist noch der Aufwand, den der Stadtverkehrsbetrieb mit Fahrscheinautomaten und Verkaufsstellen hat, und der Ärger der Fremden. Daher taucht die Frage auf: War die Idee mit der Elektronik vielleicht gar nicht so schlecht? Waren die Fragestellung und das Ziel nur falsch? Der zuständige Mann der Straßenbahn könnte das Ziel setzen:

> Um das Bezahlen mit Scheinen abzuschaffen, entwickle eine Zahlbox, die 5-, 10-, 20- und 50-Pfennig-Stücke erkennt, Wechselgeld und einen Fahrschein herausgibt und nicht größer als 200 × 100 × 100 mm ist.

Nach einer Fehlentwicklung nicht gleich aufgeben!

Das ist sofort eine echte und lösbare Aufgabe für die Mikroelektronik. Die Fahrscheinverkäufer würden eingespart und der Komfort für die Fahrgäste erhöht.

Verteidigung?

Man kann mit Bezeichnungen gar nicht vorsichtig genug sein. Leider ist dieser Grundsatz bei der Namensgebung für die Zusammenkünfte zwischen Geldbewilligern und Geldforderern nicht genügend beachtet worden. Wahrscheinlich übernahm man das Wort Verteidigung aus der Tradition der Geisteswissenschaftler vergangener Zeiten. Martin Luther beispielsweise hat seine berühmten Thesen verteidigt, als sie angegriffen wurden. Denn zu einer Verteidigung gehört immer der Angriff. Die These, ob und wie der Mensch selig werde, läßt sich trefflich angreifen und ebenso verteidigen.

Aber bei den sogenannten Verteidigungen in der Technik und den Naturwissenschaften dreht es sich darum, die Welt zu verändern (um mit Marx zu sprechen). Darüber herrscht bei allen Teilnehmern Übereinstimmung, wenn auch nicht immer, infolge der falschen Namenswahl, Klarheit. Es handelt sich doch in der Regel mehr um ein Abwägen, welche der möglichen Ziele und Maßnahmen die besten seien.

Zusammenkünfte über Forschung und Entwicklung sollen ein Abwägen der Möglichkeiten sein.

Auch die Bezeichnung Meinungsstreit, die häufig benutzt wird, trifft selten den Kern der Sache. Wenn Meinungen aufeinanderprallen, liegen zu wenig Zahlen vor.

Auf einem Kolloquium über Atomreaktoren äußerte ein Kollege aus der BRD: »Im Containment sind immer Risse, und wir müssen damit leben.« Daher, so folgerte er, brauchen wir Meßmethoden, um diese Risse zu verfolgen. Das war seine Meinung.

Ich erwiderte in der Diskussion: »Aufgabe der Schweißtechnik ist es, fehlerfreie Bauwerke herzustellen. Das gilt auch und besonders für das Containment als Sicherheitshülle bei einem Reaktorunfall.« Das war meine Meinung.

Die Meinung ist frei – Zahlen sind zwingend.

Der Dichter Chr. F. Gellert schrieb 1746 in seinem Gedicht »Der Maler«:

»Sie stritten sich mit vielen Gründen
und konnten sich nicht überwinden.«

Womit er treffend die Situation beschrieb. Damals lagen noch keine Zahlen über große Reaktorunfälle vor. Doch inzwischen wissen wir sehr viel darüber, was passieren kann und wie es passiert und was man dagegen tun muß. Die Rißtheorie ist in Ost und West gestorben.

Wenn jetzt Fachleute zusammenkommen und über Reaktorsicherheit beraten, gibt es kein »Streitgespräch«, sondern »nur« ein Abwägen von vorliegenden Zahlen. Oft wird eine lange Diskussion beendet, wenn einer der Streitenden Zahlen nennt oder vom Kontrahenten Zahlen verlangt.

Statt zu diskutieren – Zahlen vorlegen!

Ich war einmal in einer Kommission, die sich mit der Frage befaßte: Was geschieht, wenn sich an einem Fernsehturm Eis bildet und dieses Eis abplatzt?

Muß man vielleicht die Umgebung räumen? Oder zerfällt das Eis in kleine Teile, wenn es sich von der Turmwand löst?

Besonders ein Kollege von der Meteorologie sprach wortreich über die Möglichkeiten. Ich hatte den Eindruck, er wollte am liebsten den Turm abreißen oder eine 500-m-Sicherheitszone schaffen.

Schließlich verlangte ich amtliche Zahlen zu sehen, wie oft im Jahr eine solche Wetterlage eintreten würde. Da stellte sich heraus, daß seit Beginn der Aufzeichnungen noch nie so ein Fall da war. Die Kommission kam daraufhin sehr schnell zu einem Schlußprotokoll.

Frage nach den entscheidenden Zahlen.
Über 2 × 3 = 5,9999 gibt es keinen Meinungsstreit.
6 : 2 = 3 braucht nicht »verteidigt« zu werden.

Um es nochmals ganz klar zu sagen: Ob wir Atomkraftwerke oder Fernsehtürme bauen, ist Gegenstand eines Meinungsstreits. Wie wir Kernkraftwerke oder hohe Türme bauen, ist eine technische Frage, bei der Leistungskennziffern, Kosten, Sicherheitsabstände und andere Zahlen gegeneinander abgewogen werden.

Ich gehöre nicht zu den Leuten, die sich darüber ereifern, ob ein Zollstock jetzt Gliedermaßstab und ein Schraubenzieher Schraubendreher heißt. Daher kämpfe ich auch nicht dafür, den Ausdruck Verteidigung durch einen anderen zu ersetzen.

Wichtig ist nur, daß man weiß, was eigentlich gemeint ist.

Auf die richtigen Zahlen kommt es an

Nach dem Lesen des vorigen Abschnittes wird sicher der Einwurf kommen: Und wo bleibt die Verantwortung des Ingenieurs und Wissenschaftlers? Ich will mich in diesem Buch nicht in diesen Meinungsstreit einmischen. Jedoch möchte ich auf eine technische Entwicklung aufmerksam machen, die wir zur Zeit miterleben.

Im Jahre 1964 erhielten Bassow und Prochorow (UdSSR) und Townes (USA) für die Entdeckung des Lasereffektes den Nobelpreis für Physik. Ab 1966 befaßten wir uns in der Schweißtechnik der DDR bereits mit der praktischen Anwendung. Inzwischen wurden unblutige Operationen mit dem Laserstrahl durchgeführt. Die modernen Herzschrittmacher sind nur möglich, weil die Titangehäuse mit Laser geschweißt werden. In der Längenmeßtechnik spielen Laser eine immer größere Rolle. Doch die Erkenntnisse der Längenmeßtechnik werden auch genutzt, um für militärische Zwecke Entfernungen zu bestimmen.

Und das »Sternenkriegsprogramm« (SDI) der USA basiert in wichtigen Abschnitten auf der Nutzung von Lasern. In wenigen Jahren ist aus einer harmlosen Entdeckung in der Optik eine Methode geworden, mit der der Kosmos militarisiert werden kann (oder z. Z, schon ist).

Als im ZIS die Nutzung von Lasern begann und wir überlegten, welche Leistung verlangt würde, lagen Zahlen aus der ganzen Welt vor. Die stärksten Laser erreichten 15 kW Leistung. Allgemein schien die Tendenz in der Welt zu 1 kW Leistung zu gehen. Eines der Hauptargumente (volkswirtschaftliche Ziele) war, daß dieser Laser 10 mm dicken rostfreien Stahl schneiden könne.

Es ist immer verdächtig, wenn die Zahlen 1, 10 oder 100 auftauchen.

Das Gegenargument war, daß wir für rostfreie Stähle dicker als 4 mm sehr gute Schneidverfahren besaßen. Hingegen fehlten uns Verfahren für dünne und dünnste Bleche, um sie zu schneiden oder zu schweißen. Der zu entwickelnde Laser brauchte daher nur eine geringe Leistung zu bringen. Die Kernfrage war nicht: wie dick, sondern wie dünn.

Bedenke auch die Kostenfrage!

Dieser Lasertyp wurde auch gebaut und produziert. Damit war erst einmal der dringendste Bedarf gedeckt, und es war möglich, anschließend stärkere Typen zu entwickeln, für die es natürlich auch Anwendungsmöglichkeiten gibt.

Setze Prioritäten!

Daß man an eine solche Frage auch ganz anders herangehen kann, erlebte ich in Japan. Dort wurde mir ein Institut mit 300 Mitarbeitern gezeigt, das als einzige Aufgabe sich mit einem 15-kW-Laser befaßte. Natürlich kommt man als Ausländer nicht so ohne weiteres in ein solches Institut hinein. Man braucht schon gute Verbindungen.

Wir diskutierten mit den japanischen Kollegen einen ganzen Nachmittag. Ganz zum Schluß sagte ich: »Wenn ich alles richtig verstanden habe, wissen Sie zur Zeit noch nicht, was man in der Technik mit einem 15-kW-Laser anfangen kann?« Der Direktor sah mich erstaunt an. Ich hatte offensichtlich etwas sehr Dummes gefragt.

»Leider wissen wir das nicht«, antwortete er, »darum hat die Industrie ja gerade dieses Institut gegründet.«

Natürlich kann die DDR nur in seltenen Fällen mit einer solchen Philosophie Forschung betreiben. Dazu reichen unsere Mittel nicht. Aber mitunter und im verkleinerten Maßstab ist eine solche Forschung auch bei uns angebracht.

Das Sprichwort »mit der Wurst nach dem Schinken werfen« gilt gerade in der Entwicklung. Nur müssen Wurst und Schinken die richtigen Größen besitzen.

Sparen ist gut – aber am richtigen Fleck!

Einmal hatte ich zwischen zwei Forschungsangeboten zu entscheiden. Der eine Ingenieur wollte den Sauerstoffverbrauch, den man zur Einleitung eines Brennschnittes benötigt, um 50 Prozent senken. Der andere wollte den Sauerstoffverbrauch nach der Einleitung des Brennschnittes um 10 Prozent reduzieren. Die Entscheidung fällt dem Fachmann leicht, denn zum Einleiten des Vorganges werden etwa 5 Prozent des Sauerstoffs benötigt (also Einsparung um 2,5 Prozent). 95 Prozent des Sauerstoffs braucht man zum eigentlichen Brennschnitt (also 9,5 Prozent Einsparung).

Aber was passiert, wenn ein Nichtfachmann die Entscheidung fällen muß? Ihm bleibt nichts übrig, als immer mehr Zahlen anzufordern und abzuwägen.

Frage immer: Wovon werden die Prozente eingespart!
Frage immer bei absoluten Zahlen: Wie groß sind sie in Prozent!

Mir schwebt bei solchen Beurteilungen immer das Beispiel der zwei Sparbuchinhaber vor. Der eine besitzt 100 Mark auf seinem Konto, der andere 1000 Mark. Die Differenz beträgt also 900 Mark.

Nach einem Jahr und 3 Prozent Zinsen stehen in den Sparbüchern 103 Mark und 1030 Mark. Die Differenz beträgt (trotz gleicher Zuwachsrate) jetzt 927 Mark.

Die richtige Zielgruppe

Als ich als Berater in Kuba war, besichtigte ich viele Betriebe, die vor der Revolution Amerikanern gehörten. Die meisten Kubaner konnten damals noch nicht lesen. Für diese Analphabeten stellte die US-amerikanische Industrie Maschinen her, die anstelle von Schrift und Zahlen Farben und Bilder trugen. Die Arbeitsanweisung lautete: Stelle den grünen Hebel auf das Bild Pelikan. Natürlich sind diese Zeiten in Kuba längst vorbei. Es läßt sich aber nicht übersehen, daß die Amerikaner mit ihrer Methode damals durchaus erfolgreich waren. Sie hatten ihre Maschinen für die Zielgruppe Analphabeten gebaut.

Konstruiere immer für den künftigen Benutzer.

Mitunter sind es Kleinigkeiten, die die Einführung einer guten Sache verhindern.

Die ersten Arbeitsschutzhelme waren den Lederkappen der Bergleute nachempfunden. Trotz aller Ermahnungen wurden sie nicht getragen. Erst als die Helme eine schönere Form bekamen und farbig wurden, bürgerten sie sich ein.

Nun denkt man, es müsse doch einfach sein, die Bedürfnisse, Fähigkeiten und Vorbehalte einer Zielgruppe zu erkennen.

Stellen sie sich einmal vor das Schaufenster eines Uhrenladens und prüfen Sie, ob die ausgestellten Uhren den folgenden Zielgruppen entsprechen.

Man trägt eine Armbanduhr,

1. um die Zeit abzulesen,
2. um zu prüfen, ob das Zeitzeichen im Radio stimmt,
3. als Schmuck,
4. weil sie so viele Funktionen hat,
5. weil das Zifferblatt so groß ist,
6. weil die Uhr so flach ist,
7. weil sie zum Auto paßt,

8. weil sie zum Anzug paßt,
9. weil sie wasserdicht ist,
10. weil sie so poppig ist,
11. weil sie automatischen Aufzug hat,
12. weil sie besonders billig ist.

Die Liste läßt sich noch fortsetzen. Ich gehöre zur Zielgruppe 5 + 9 + 11. Die Zielgruppe 7 war um 1980 mit der Porsche-Uhr der große internationale Schlager. Um 1986 scheinen Nummer 8 und 10 »in« zu sein.

Uhren werden produziert, um verkauft zu werden. Der Blick in das Schaufenster zeigt uns, wie viele Zielgruppen angesprochen werden, und noch mehr, welche Gruppen nicht berücksichtigt wurden.

Gibt es in deinem Betrieb Listen über Zielgruppen?

5 Prozent unserer Bevölkerung sollen Linkshänder sein, das sind immerhin 800 000 Menschen. Wieviel Geräte für Linkshänder – und sei es nur eine einfache Schere – werden produziert?

In der DDR wird sehr viel für die Aus- und Weiterbildung getan. Dadurch entstehen aber auch immer neue Zielgruppen mit neuen Ansprüchen und Verhaltensweisen. Wer einen Computer im Beruf bedient, bekommt unweigerlich das Gefühl, daß die Geräte seiner Freizeit (Auto, Küchenmaschine, Telefon) auch computerisiert sein müssen. Oder es tritt eine Antihaltung auf, und er will außerhalb seiner EDV-Anlage nichts von Automatisierung wissen.

Neue Technik bringt neue Zielgruppen hervor.

Die kompliziertesten Zielgruppen ergeben sich bei der Einführung neuer Technologien. Arbeiter sind oft auf ihre besonderen handwerklichen Fähigkeiten stolz. Angestellte im Büro sind mit »ihrer« Schreibmaschine oder Rechenmaschine »verheiratet«. Ich habe schon Tragödien erlebt, weil eine neue Schreibmaschine mit einer vielknöpfigen Tastatur auftauchte oder weil eine neue Elektrode zum Schweißen verwendet werden sollte.

Immer wieder habe ich in einer Werkstatt versucht, das Sägen von Stahlproben durch Brennschneiden zu ersetzen. Der Zeitbedarf sinkt durch die Umstellung auf unter 20 Prozent. Aber an den Sägen saßen Frauen. Sie fürchteten sich vor dem Knall, den es beim Entzünden des Brenners gibt. Die Umstellung war erst möglich, als wir dies erkannten und für den Brenner eine Fernzündung einbauten.

An diesen Beispielen sieht man, daß es meistens nicht genügt, neue Technik einfach zu entwickeln und hinzustellen. Es muß auch durch Ausbildung die passende Zielgruppe entwickelt werden.

Wie genau planen wir?

In einem Industrieministerium wird jährlich für etwa 40 Milliarden Ware erzeugt. Da wir ein Industriewachstum zwischen 4 und 6 Prozent haben, muß der Finanzchef des Ministeriums in jedem

Jahr um etwa 2 Milliarden weiterzählen. Wenn sein Minister von ihm wissen will, wie weit der Plan erfüllt ist, gibt er den Wert auf 1/100 Prozent genau an, das heißt, mit einem Spielraum von etwa ±4 Millionen Mark.

Rechne Prozent immer in Mark um. Und umgekehrt!

Was für einen Minister gut ist, braucht in einer Forschungsstelle nicht unbedingt sinnvoll zu sein. Wer Entwicklung betreibt, weiß, wie sehr die Einhaltung der Termine von Werkstätten und Labors abhängt, auf die man selbst keinen direkten Einfluß hat. Daher führten wir im ZIS ein, daß zu jedem Forschungsthema die Zahl der Stunden mitgeplant werden muß, mit denen die Werkstätten, Laboratorien oder anderen Forschungsgruppen in Anspruch genommen werden.

Natürlich gab es anfangs viel Widerspruch.

»So genau kann ich das nicht sagen.« Warum nicht? »Ich weiß nicht, wieviel Zeit die Laboranten für eine chemische Analyse brauchen.« Erkundige dich, das kann sehr lehrreich sein.

»Da richtet sich doch keiner nach.« Das wird geregelt. »Ich weiß nicht, wann ich die Stunden brauche.« Danach ist nicht gefragt, aber unmittelbar vor Jahresende ist bestimmt nichts frei.

Von den rund 2400 Stunden im Jahr, für die wir bezahlt bekommen, gehen 400 für Urlaub, Krankheit, Ausbildung und Versammlungen ab. Eine Werkstatt mit 5 Mann verfügt also über 10000 Stunden.

Merke: 2000 Stunden = 1 Mann.

Liegt die Planung zwischen 8000 und 12000 Stunden, so ist die Werkstatt ausgelastet. Liegt die Stundenplanung darunter oder darüber, so muß geprüft werden, was zu tun ist.

Natürlich müssen am Jahresende die geplanten Stunden und die tatsächlich in Anspruch genommenen Stunden verglichen werden. Bei größeren Kostenträgern findet der Vergleich monatlich statt. Nach zwei Jahren weiß jeder Forscher ziemlich genau, wieviel Stunden er außerhalb seiner Gruppe einplanen muß.

Planung ist ein Lehrvorgang. Prüfe daher Soll und Ist.

Das Verfahren bietet noch weitere Vorteile. Die Mitarbeiter bekommen ein Gefühl dafür, wie stark die Gruppen eines Betriebes miteinander verflochten sind. Die Laboranten merken, daß ihre Arbeit Bestandteil eines großen Vorhabens ist. Die Ingenieure überlegen, ob sie 5 oder 10 Analysen oder Probestücke bestellen. Sicher, von Zeit zu Zeit gibt es Ausrutscher. Darüber braucht man kein großes Geschrei zu erheben. Der Grund wird festgestellt. Und immer werden genügend Reserven vorhanden sein, um die Sache zu bereinigen.

Planung fördert die Disziplin.

Vor einiger Zeit las ich in der Zeitung, daß in einem Chemiebetrieb die Wissenschaftler und Ingenieure aufgefordert wurden, von den bewilligten

Forschungsmitteln 25000 M pro Thema einzusparen. Ich hoffe, der Journalist hat den Forschungsdirektor, den er interviewte, falsch verstanden. Erst Geld zu bewilligen und dann zu fordern, von dieser Summe einen Festbetrag wieder abzuführen, ist leitungstechnischer Unsinn und ein Zeichen dafür, daß falsch geplant wurde.

Der Gesetzgeber läßt sogar bei den einzelnen Themen eine Abweichung zu. Er geht davon aus, daß Forschung und Entwicklung sich nicht so exakt planen lassen wie eine Produktion, die schon jahrelang läuft.

Aufgabe des Forschers ist die Forschung!

Neue Ideen

Ich bin oft gefragt worden, woher ich – oder besser wir im ZIS – laufend neue Einfälle für die Forschung herbekämen. Die Frage läßt sich nicht in wenigen Sätzen oder in einem Abschnitt dieses Buches beantworten. Zum Teil läßt sie sich überhaupt nicht beantworten, weil dem einen bei einer Anregung etwas einfällt und dem anderen nicht. Nur wenige werden in einer Lage sein wie der große Erfinder Edison, der 1878 in sein Tagebuch schrieb:

»Ziel: Alles, was bisher Gas leistete, mit E. nachzuahmen.

Gaslicht durch elektrisches Licht zu ersetzen, Beleuchtung so zu verbessern, daß allen natürlichen, künstlichen und kommerziellen Anforderungen entsprochen wird. Bisherige Erfindungen versagten!«

An einer anderen Stelle verriet Edison eines seiner Rezepte für die Ideenfindung. Er schrieb sinngemäß:

»Die meisten Menschen hören mit einem Gedanken viel zu früh auf. Ich denke jeden Gedanken zu Ende.«

Vor Jahren brach ich mir ein Bein. In der Klinik lag ich auf dem Tisch unter dem Röntgenapparat und hatte starke Schmerzen. Die Röntgenschwester sollte vom Bruch eine Aufnahme unter einem bestimmten Winkel anfertigen. Ich mußte mich daher auf die Seite drehen, wodurch die Knochenenden noch intensiver ins Fleisch stachen. Nachdem die Aufnahme gemacht war, sagte die Schwester: »Sie müssen in dieser Stellung liegen bleiben, bis wir den Film entwickelt haben und wissen, ob die Aufnahme gelungen ist.« Es waren drei oder vier sehr lange Minuten, in denen ich in dieser Stellung verharrte.

Als ich dann wohlvergipst im Bett lag und die Schmerzen nachließen, begann ich ein Buch zu schreiben, um die Zeit auszunutzen. Weiter schrieb ich einen Brief an ORWO mit dem Hinweis auf mein Erlebnis und dem Vorschlag, Sofortbild-Röntgenfilme zu entwickeln.

Auch ein Gipsverband kann anregend wirken – wenn du willst!

Die Antwort des Betriebes war sehr erstaunlich.

Man schrieb mir, die Ärzte hätten gesagt, es bestünde kein Bedarf für solche Filme.

Nun kämpfe ich nicht verbissen darum, daß andere Leute meine Vorschläge einführen, sondern prüfe in erster Linie, ob ich selbst für die Idee Verwendung habe.

Neue Ideen sind hauptsächlich für dich da.

In der Schweißtechnik wurden damals etwa 12 Millionen Röntgenaufnahmen im Jahr gemacht. Solange die Handschweißung vorherrschte, genügte es, wenn die Beurteilung der Filme am nächsten Tag vorlag. Nach der Automatisierung wuchs das (volkswirtschaftliche) Bedürfnis, möglichst schnell die Schweißnähte zu kontrollieren, weil ein falsch eingestellter Automat viele Meter Ausschuß produziert.

Ich setzte mich mit meinem Kollegen Professor Paton in Kiew in Verbindung, und wir erhielten von ihm ein neuentwickeltes Gerät, das die Auswertung von Röntgenfilmen in kürzester Zeit gestattete. Gleichzeitig wurde die Kombination Ultraschall–Röntgen ausgebaut. Dabei stellt das Ultraschallgerät fest, ob die Naht fehlerbehaftet ist oder nicht. Und durch die Röntgenaufnahme, die nur dort gemacht wird, wo ein Fehler ist, werden Fehlerarten und Fehlergrößen bestimmt und ausgewertet. Schließlich gestattete die inzwischen entwickelte Mikroelektronik, den Schweißvorgang selbst zu überwachen und alle Abweichungen von den Sollwerten zu registrieren und zu korrigieren.

Ersetze Prüfvorgänge durch einwandfreie Arbeit.

Die Fernsehtechnik (als vierte Variante) ließ es dann zu, eine Naht unmittelbar hinter dem Schweißautomaten zu röntgen und das Bild auf dem Monitor zu betrachten.

Mir scheint, dies ist ein schönes Beispiel, wie der erste Gedanke eines schmerzgeplagten Patienten in den verschiedensten Formen für die Schweißtechnik zu Ende gedacht wurde.

Wenn der erste Industriezweig deine Idee nicht braucht, versuche es beim zweiten oder dritten.

In meiner Laufbahn hatte ich nie etwas mit Staubsaugerentwicklung zu tun. Das Staubsaugerbeispiel im Abschnitt »Die richtige Formulierung« kam mir, als ich beobachtete, wieviel Staub ein Staubsauger in die Luft bläst. Spinnt man diesen Gedanken weiter, so wäre es doch eigentlich sinnvoll, ein Gerät zu entwickeln, das in den acht Stunden, in denen die Hausfrau berufstätig ist (wenn sie im Haus arbeitet, ist sie nicht berufstätig?), die Stubenluft vom Staub freifiltert. Sicherlich ließe sich so das Staubwischen reduzieren. Außerdem entspricht der Vorschlag dem Prinzip: Lege automatische Arbeiten in Zeiten, wo der Mensch abwesend ist.

Anregungen findest du überall. – Nutze sie.
Denke nie, die Idee ist für mich nicht brauchbar.
Denke immer, wie kann ich den Vorschlag verändern, damit ich ihn anwenden kann.

200 Ziele

Nun kann man nicht verlangen, daß jeder, der neue Einfälle braucht, sich ein Bein bricht. Um so mehr, als der Erfolg nicht garantiert werden kann.

Die eigentliche Lehre aus dem vorhergehenden Abschnitt ist, daß alles, was uns ärgert und stört oder was uns gefällt, Anlaß zu einer neuen Idee sein kann. Und weiter: Es ist oft möglich, diese Idee mit einiger Veränderung auf das eigene Arbeitsgebiet zu übertragen.

Nur wenige von uns werden in der Lage sein, ein ganzes Land zu elektrifizieren wie Edison. Doch viele von uns beeinflussen einen Industriezweig, einen Betrieb, ein Erzeugnis, eine Abteilung oder (sehr wichtig!) einige Studenten oder Schüler. Wir haben einmal berechnet, daß das ZIS durch seine Forschung eine Produktion im Werte von 20 Milliarden Mark beeinflußt. Inzwischen ist dieser Betrag durch das Wachstum der Industrie noch weiter gewachsen. An solchen Zahlen sieht man auch, wie sich »kleine Verbesserungen« auswirken, wenn nur genügend Industriezweige davon betroffen werden. 1 Prozent von 20 Milliarden sind immerhin 200 Millionen Mark.

Bei der Beurteilung von Forschungsergebnissen neigen wir dazu, die Erfolge bei einem Erzeugnis oder in einem Werk zu betrachten. Das ist verständlich, denn solche Erfolge sind leicht überschaubar und auch für den Außenstehenden verständlich. Viel schwerer ist es, den Nutzen darzustellen, den die Veränderung in der Berech-

nung einer Kehlnaht bringt (um ein Beispiel aus meinem Arbeitsgebiet zu nehmen). Es scheint ziemlich gleichgültig zu sein, ob eine Naht 4 mm oder 3 mm stark sein darf. Diese Werte erhalten erst Gewicht, wenn man weiß, daß 80 Prozent aller Schweißnähte Kehlnähte sind, daß ein Schiff auf unseren Werften 150 Kilometer und mehr Schweißnähte besitzt.

Wenn mir eine Idee einfiel, die als Ziel geeignet war, habe ich sie in einem Extranotizbuch notiert. Dabei war es einerlei, ob der Einfall etwas mit meinem Beruf zu tun hatte oder nicht.

Notiere deine Ideen.

Ich hatte einen Kollegen, der auch fleißig neue Ziele notierte. Er benutzte dafür Karteikarten und sortierte sie in einem Kasten nach Sachgebieten und nach dem Alphabet. Leider hatte er infolge der Sorgfalt, mit der er seine Kartei (er sprach von Ideenbank) führte, keine Zeit, einen seiner Einfälle in die Wirklichkeit umzusetzen. Hier liegt wieder eine typische Verwechslung von Arbeit und Leistung vor. Der Kollege war ungeheuer fleißig und widmete seiner Ideenbank viel Zeit. Doch nicht die Kartei ist das Entscheidende, sondern der Erfolg bei der Einführung neuer Erkenntnisse.

Verschwende nicht zu viel Zeit bei der Vorbereitung zur Forschung.

Günstig scheint mir die Lösung, die seit vielen Jahren im ZIS gewählt wird. Alle 3 bis 4 Jahre schreibt jeder seine Ziele für die nächsten 5 Jahre auf.

Die Zusammenfassung dieser Ziele ist eine hervorragende Hilfe für die Leitung der gesamten Forschung. Wichtig ist, daß die Mitarbeiter des ZIS durch die Bekanntgabe ihrer Ziele in diesem Dokument nicht verpflichtet sind, die Ziele auch später in ihre offiziellen Forschungsaufgaben hineinzunehmen.

Phantasien über die Zukunft dürfen nicht zum staatlichen Zwangsmittel werden.

Überhaupt sollen alle Gespräche über die Zukunft zwischen den verschiedenen Leitungsebenen möglichst unverbindlich geführt werden, sozusagen kollegial. Niemand wird bereit sein, über die Zukunft irgendwelche fortschrittlichen Gedanken zu äußern, wenn er befürchten muß, sofort auf seine Äußerungen »festgenagelt« zu werden.

Gedanken sind zollfrei.

Verbindlich und unbedingt einzuhalten sind alle Ziele erst dann, wenn sie mit Geldforderungen und Geldbewilligungen verbunden sind.

Erst Geld gibt den Zielen Verbindlichkeit.

Nach einer Mitteilung des Direktors des ZIS, Professor Dr. G. Thieme, liegen in der Mappe »Die Ziele des ZIS bis 1990« etwa 200 Einzelziele vor.

Ich finde, Professor Thieme ist ein reicher Mann. Er kann auf einen großen Schatz von Ideen zurückgreifen.

Seien Sie hübsch neugierig

Das ist der immer wiederholte Spruch in einer beliebten Fernsehsendung.

Es gibt Menschen, die sich wirklich gar nicht oder sehr selten wundern. Sie bemerken einfach nicht, daß etwas nicht in Ordnung ist oder daß etwas besonders gut ist. Von ihnen sind kaum Einfälle zu erwarten, die die Entwicklung fördern. Trotzdem sind solche Leute für die Forschung unentbehrlich. Meistens haben solche Kollegen die Eigenschaft, »sture Arbeiten« sorgfältig und mit Liebe durchzuführen. Ich kenne einige, die glücklich sind, wenn sie den ganzen Tag rechnen dürfen. Es gibt welche, die hervorragend für Terminkontrolle eingesetzt werden können. Andere wiederholen tagelang immer den gleichen Versuch, ohne dabei schlampig zu werden, und führen gestochen saubere Versuchsprotokolle.

Ein Forschungskollektiv kann sich nicht nur aus »Gipfelstürmern« zusammensetzen. Es braucht auch Mitglieder, welche die »Mühen der Ebenen« erledigen.

Es kommt auf die richtige Mischung an.

Ich habe immer versucht, als direkte Mitarbeiter Fachleute zu finden, die Eigenschaften besaßen, die mir fehlten. Mit dieser Methode bin ich sehr gut gefahren, und ich glaube, meine Kollegen haben sich auch wohl dabei gefühlt.

Jeder braucht den Arbeitsplatz, an dem er am meisten leistet.
Es gibt natürlich auch Verfahren, mit denen man das Finden von Forschungsthemen erzwingen kann oder zumindest fast erzwingen kann.

Der Heuristiker Professor J. Müller führte in einigen Gruppen des ZIS eine solche Methode ein. Das Prinzip besteht in einer Tabelle. In ihren Reihen sind (zum Beispiel) alle denkbaren physikalischen Effekte eingetragen, die bei einem bestimmten Schweißverfahren eine Rolle spielen. In den Spalten stehen die einzelnen Arbeitsgänge bei diesem Schweißverfahren. Es entstehen durch Reihen und Spalten eine Anzahl von Feldern, z. B. Reibung (physikalischer Effekt) mit Drahtvorschub (Arbeitsgang). Nun muß man prüfen, ob über diesen Zusammenhang genügend bekannt ist oder nicht. Wie man sieht, ganz ohne »wundern« kommt man auch hier nicht aus.

Es gibt keine Vorschrift für Erfinder, die eigenes Denken völlig ersetzt.

Andere Methoden wurden von Altschuller in Baku entwickelt. Von D. Zobel gibt es die »Erfinderfibel«. Prof. J. Müller hat einige Bücher über Heuristik veröffentlicht. Bis dieses Buch erscheint, wird sich die Zahl solcher Suchhilfen in Buchform noch vergrößert haben.

Nutze die Literatur!

Auch für den, der glaubt, ihm fiele genug ein, sind solche Methoden sehr nützlich. Ich war oft überrascht, wenn ich nach J. Müller arbeitete, wie viele Möglichkeiten ich übersehen hatte. In der Praxis hat sich gezeigt, daß Wissenschaftler mit vielen eigenen Ideen sich eine oder zwei der Denkvorschriften aneignen und damit arbeiten.

Benutze die Denkvorschrift, die angemessen ist.

Eine Forderung, die in allen diesen Methoden vorkommt, ist: Prüfe das Gegenteil.

Mein Kollege W. Brenner und ich hatten eine wärmeabgebende Masse entwickelt, um Rohre vorzuwärmen. Rein routinemäßig dachten wir an das Gegenteil: eine wärmeaufnehmende Masse. Uns wurde schnell klar, daß ein dringendes Bedürfnis vorliegt. Heizungsrohre sind nach etwa 15 Jahren verschlissen. Dann müssen neue eingeschweißt werden. Dabei werden die Wohnungswände beschädigt, es sei denn, es gäbe eine Masse, die die

Schweißwärme aufnimmt. Damit lag ein neues Ziel vor uns.

Wundere dich möglichst oft!

Es gibt aber zwei Menschentypen, mit denen ich nur schlechte Erfahrungen machte.

Die erste Gruppe umfaßt die Leute, welche ununterbrochen verbessern und auf jede Verbesserung eine Neuerung aufsetzen, bis sie vor lauter Verbesserungen nicht mehr dazu kommen, etwas zu leisten. Mit Schrecken erinnere ich mich an einen Werkstattleiter, der vor neuen Ideen nur so sprudelte. Seine Aufgabe war es, Prototypen zu bauen. Aber da er jeden Entwurf der Konstrukteure immer wieder verbesserte (oft mit Recht), wurde kein Gerät termingerecht fertig.

Einmal muß Schluß sein mit dem Verbessern – nun muß gebaut werden.

Schlimmer ist die zweite Gruppe. Zu ihr gehören die zahlreichen Ingenieure und Ökonomen, die bereit sind, jede Verbesserung auszuprobieren, vorausgesetzt, sie erhalten dafür eine Investition bewilligt. Sie sind ein Krebsschaden der Wirtschaft, denn sie betreiben Erpressung.

Als die Produktion von Robotern aufgenommen werden sollte, war der Direktor eines sehr großen Betriebes sofort dazu bereit – wenn der Minister ihm 70 Millionen zusätzlich bewillige. Ich habe immer bedauert, daß unser Strafgesetzbuch keine entsprechenden Paragraphen enthält.

Natürlich gibt es diese Erpresser auch im kleinen. Zu jeder neuen Entwicklung beantragen sie neue Geräte. Eine Kontrolle zeigt aber sehr schnell, daß sie ihren bisherigen Geräte- und Maschinenpark überhaupt nicht ausnutzen. Ich habe mich von solchen Leuten immer schnellstens getrennt.

Ich brauche dringend ...

Vorgesetzte sind auch nur Menschen. Darin unterscheiden sie sich in keiner Weise von ihren Mitarbeitern. Am besten ist es, wenn beide im Verkehr miteinander den Paragraphen 1 der Straßenverkehrsordnung beachten: Rücksichtnahme und möglichst wenig belästigen.

Erstaunlich für mich ist es, wie oft und bedenkenlos gegen diese einfache Regel verstoßen wird, vor allem, wenn man vom anderen etwas haben möchte.

Obwohl ich mich in diesem Buch (wie im Leben überhaupt) an positive Beispiele halte, lassen sich in diesem Abschnitt negative nicht vermeiden.

Ab und an besucht uns ein Vorgesetzter an unserem Arbeitsplatz. Erzähle ihm, was du geleistet hast. Vermeide alles Jammern über die viele Arbeit und die Arbeitsbedingungen. Wenn deine Leistungen gut sind, merkt er das von selbst. Bitte ihn nie (!) bei einem solchen Besuch um irgend etwas (!!). Selbst wenn er es bewilligt, trübt die Forderung dein Ansehen (zu deutsch: Image).

Wenn du etwas haben willst, gehe zu dem zuständigen Mann hin. Sage, was du willst, in der für ihn richtigen Reihenfolge:

1. *Zweck (Um den Wasserstoff im Stahl zu messen ...)*
2. *was (brauche ich ein Analysengerät)*
3. *Kosten (das 10000 Mark kostet, die nicht eingeplant sind)*
4. *Nutzen (Wir können damit die Stähle für den Chemieanlagenbau besser einstufen.)*

Beginne Forderungen immer mit dem Zweck, für den sie gedacht sind.

Telefonieren ist sehr praktisch, aber es ist auch einfacher, per Telefon etwas abzulehnen. Wenn dir die Sache nur ein Ferngespräch wert ist, wird dein Gesprächspartner sie auch entsprechend einstufen.

Noch einige Dinge, die ein kluger Mann nicht tut: Nie zwischen Tür und Angel etwas fordern oder etwas entscheiden; nie bei privaten Treffen über dienstliche Belange

sprechen; nie und niemals über das Geschäft reden, wenn du etwas (»nur ein Gläschen«) getrunken hast; nie mit der Frau deines Chefs über den Betrieb sprechen.
Und das allerwichtigste: Bevor du etwas forderst, erst dreimal überlegen, ob du es nicht ohne Hilfe schaffst. Je seltener du etwas verlangst, desto mehr wird man deinen Fähigkeiten vertrauen und desto mehr Gewicht wird deine Forderung haben, wenn sie wirklich einmal nötig ist.

Liste der Ausreden

Menschen, die positiv denken, besitzen meistens viel Phantasie. Hingegen zeichnen sich die negativ Denkenden durch Phantasiemangel aus. Das merkt man auch an den Ausreden, die sie verwenden.

Im Laufe der Jahre habe ich eine Auslese davon gesammelt, die in 80 Prozent aller Fälle benutzt wird.

Oder umgekehrt: Es sind negative Redensarten, die man selbst selten oder nie benutzen sollte, wenn es darum geht, unsere Kollegen zu Leistungen zu motivieren. Aber ich empfehle auch, sich solche Ausreden nie bieten zu lassen.

An der Spitze stehen Bemerkungen, die aus der politischen Philosophie entnommen wurden:

- Sie verabsolutieren!
- Sie relativieren! – Am besten ist, man fragt, was genau darunter verstanden wird, und schlägt dann im Fremdwörterbuch oder Lexikon nach, ob die Erklärung stimmt. Fast immer läßt sich anschließend sehr gut über Maß, Zahl und Ge-

wicht diskutieren. Denn dort gilt nur richtig oder falsch.

- Etwas aus der Mode gekommen sind alle Wörter auf -ismus. Wenn es der DDR nützte, habe ich jeden -ismus auf mich genommen.

Dann gibt es noch eine Reihe von Standardausreden, die teilweise mitunter vor Jahren richtig oder nicht ganz falsch waren.

- Das ist ein Erbe des Kapitalismus. – Ein Grund mehr zur schnellsten Änderung.
- Das übersteigt die Kraft der DDR (des Betriebes, des Institutes) – wirklich? Laß es dir durch Zahlen beweisen. Bedenke immer, daß es bei Leistung (das ist mit »Kraft« gemeint!) nicht nur auf den Aufwand an Geld oder Arbeitskräften ankommt, sondern daß die Zeit im Nenner steht. Andererseits gibt es für 17 Millionen Grenzen, die bei 60 oder 260 Millionen Einwohnern nicht auftreten.

Häufiger sind die »Schülerausreden«:

- keine Zeit,
- ich dachte,
- man hat mir gesagt,
- es fehlt eine Weisung,
- ich warte auf die Anleitung,
- die Abteilung für Grundsatzfragen muß sich noch äußern.

Die Reihe läßt sich fortsetzen. Erwachsene Leute sollten sich eigentlich schämen, so zu argumentieren.

Eigentlich gibt es nur ein Argument, das ich sofort anerkenne. Leider habe ich es nur sehr selten gehört:

– ich will nicht!

Dagegen läßt sich kaum etwas einwenden, wenn ein als tüchtig bekannter Kollege es sagt.

Wann soll was entwickelt werden

Während einer der Wirtschaftskrisen in der BRD und anderen Ländern um 1970 herum besuchte ich einen Konzern, der in 42 Staaten Fabriken für Schweißtechnik besitzt. Der BRD-Manager zeigte mir mit Stolz seine Bilanz für das Geschäftsjahr. Er hatte in der Krise seinen Umsatz um 25 Prozent erhöht. Das Rezept war verblüffend einfach. Der Konzern bot ein Bündel von Reparaturmöglichkeiten einschließlich Fachleuten zur Beratung oder Durchführung an. In wirtschaftlich schlechten Zeiten wird wenig investiert, aber viel repariert. Dieser Gedanke wurde in zahlreichen Broschüren und Zeitungsartikeln den Verbrauchern nahegelegt. Die Reparaturen waren sogar nach Industriezweigen zusammengefaßt, z. B. stand in dicken Büchern alles, was in der Zementindustrie oder der Autoindustrie repariert werden kann.

Produziere das, wofür Bedarf da ist!

»Und was machen Sie, wenn die Krise vorbei ist?« fragte ich. Der Manager zeigte auf sein großes Forschungsgebäude und antwortete: »Wir entwickeln hier laufend Geräte, Zusatzwerkstoffe und Technologien für die Neufertigung. Unser Ziel ist es, durch Auftragsschweißen bei der Neufertigung Teile mit erhöhter Lebensdauer zu erzeugen.«

Denke daran – der Markt ändert sich.

Wie man sieht, bildet Reisen ungeheuer. Sinnvolle Dienstreisen gehören mit zu den billigsten Investitionen.

Lerne auf Reisen.

Natürlich muß der Dienstreisebericht auch entsprechend sein: »Ich wurde freundlich aufgenommen« hilft der Volkswirtschaft nicht weiter. Aber: »Ich habe gelernt, daß ...« kann sehr wertvoll sein.

Nach Besuchen sage, was du gelernt hast – nur das bringt Nutzen!

Die gleiche Bedeutung besitzt die Literaturauswertung. Dabei kommt es nicht darauf an, so viel wie möglich zu lesen, sondern so viel wie möglich zu lernen.

Auch aus dem Schrifttum lassen sich solche ökonomischen Lehren ziehen wie bei einem Besuch in einem Betrieb.

Wieviel Fachzeitschriften liest du monatlich? Wieviel blätterst du außerdem durch?

Nun ist die Frage, ob das, was im Kapitalismus gut ist, auch für den Sozialismus taugt. Das Wachstum unserer Staaten liegt sehr gleichmäßig zwischen 4 und 6 Prozent. Die Krisentheorie und die antizyklische Entwicklung entfallen daher.

Wir wollen aber nicht übersehen, daß die 4 bis 6 Prozent Wachstum einen Mittelwert der gesamten Industrie darstellen. Sie beinhalten das überdurchschnittliche Wachstum auf Gebieten, für die wir besondere Programme aufstellen. Ich denke an das Chemieprogramm, an die Einführung der Roboter, an die Schaffung von CAD/CAM-Arbeitsplätzen, an das Wohnungsbauprogramm usw.

Weißt du, welcher Schwerpunkt in den nächsten Jahren kommt?

Natürlich wird jeder Betrieb, der von solchen Programmen betroffen wird (und das sind bei der Verflechtung der Volkswirtschaft praktisch alle), sich Gedanken machen, welchen Beitrag er bringen muß und was in diesem Zusammenhang alles geforscht und entwickelt werden muß. Es gibt aber, wie die Erfahrung lehrt, zwei Gruppen von Instituten und Betrieben. Die eine Gruppe wird von den neuen Forschungen völlig überrascht, das heißt, überrascht werden die verantwortlichen Leute. In der anderen Gruppe sah man voraus, daß diese Programme zwangsläufig kommen mußten, um die Proportionalität in der Wirtschaft zu erhalten. Man hatte sich daher durch rechtzeitige Forschung darauf vorbereitet.

Denke 10 Jahre im voraus – dann forsche!

Im Jahre 1986 wurden die entscheidenden Beschlüsse über die Einführung von CAD/CAM gefaßt. Aber um 1970 verkaufte das ZIS bereits das erste Paket CAM-Software nach Japan. Und selbstverständlich nutzten wir die Programme auch für uns. Inzwischen sind die EDV-Anlagen (die Hardware) weiter entwickelt worden, und beim Programmieren lernten die Fachleute viel hinzu. Aber das CAD/CAM-Programm fand das Institut gerüstet.

Ähnlich war es auf dem Gebiet der Roboter. 1960 zeigte das ZIS das erste Gerät. Es war primitiv und frei von jeder Elektronik. Doch mit jedem neuen Mikromodul-Baustein, der in den Handel kam, wurden die Roboter weiter ausgerüstet. Denn daß die Roboterzeit kommen würde, war 1960 schon klar (falls man die technische Entwicklung verfolgt hatte).

Mit Gewißheit steht fest, daß um 1990 das Wohnungsbauprogramm im wesentlichen beendet ist. Fachleute, Maschinen und Erfahrungen stehen dann für andere Aufgaben bereit. Fest steht, daß die Zahl der Menschen, die mit Computern im Betrieb arbeiten, von Jahr zu Jahr wächst und daß daraus Ansprüche für die Freizeit entstehen. Fest steht, daß das Einkommen der Bevölkerung weiter wächst und dadurch neue Bedürfnisse befriedigt werden müssen. Ohne Zweifel werden wir Kernkraftwerke bauen, und ohne Zweifel wird die Industrie für Umweltschutzeinrichtungen überdurchschnittlich wachsen.

Diese Liste kann man über viele Seiten fortsetzen. Vielleicht verschiebt sich der eine oder andere Termin um ein oder zwei Jahre nach vorn oder nach hinten, aber die Ereignisse sind vorprogrammiert.

Das Problem, an dem so mancher scheitert, ist, aus den zu erwartenden Plänen und Programmen das kleine Stück herauszufinden, das mein Betrieb oder gar ich selbst rechtzeitig lösen muß. Das scheint weitgehend eine Frage der Phantasie zu sein, die man hat oder nicht hat.

Ich bin überzeugt (um meine Phantasie und den bereits mehrmals erwähnten Staubsauger ins Spiel zu bringen), die Familie des Jahres 1995 wird sich nicht mit den Staubsaugermodellen der heutigen Zeit zufriedengeben. Jeder, der einmal gestaubsaugt hat, kennt das Problem der Schrankbeine. Sie verschrammen, weil wir in der Eile mit der Düse dagegenschlagen. Die Hausfrau wäre daher bestimmt dankbar für einen Kollisionsschutz (jeder Roboter hat einen eingebaut!). Weiter ist es ein Ärgernis, daß die Staubsaugerdüsen nicht genügend nahe an die Schrankbeine herankommen. Da jede Interkosmosrakete verstellbare Düsen eingebaut hat, wird bestimmt bald ein Staubsauger auf dem internationalen Markt (hoffentlich in der DDR als erstes) angeboten werden, dessen Düse sich bei Annäherung an ein Hindernis elektronisch in die günstigste Richtung stellt. Schließlich sind wir heute ohne Schwierigkeiten in der Lage, ein Gerät zu bauen, das automatisch auf dem Teppich hin und her fährt und dabei Stuhl- und Tischbeine »sieht«. Sicherlich läßt sich gegen dieses Produkt meiner Phantasie einiges einwenden, und ich fürchte, ein Leser aus der Staubsaugerbranche wird viele Sätze mit »ja, aber« bereit haben. Ich bitte ihn jedoch zu überlegen, wie angenehm es für seinen Betrieb wäre, solche Entwicklungen fertig zu haben, wenn die Bevölkerung (oder ein Beschluß eines Plenums) es fordert.

Befasse dich mit dem, was heute und sofort notwendig ist – aber denke auch 10 Jahre in die Zukunft.

Auf einem Bein steht man schlecht

Kurz vor dem 2. Weltkrieg wurde in den damaligen Leunawerken das Verbinden von Thermoplasten, besonders von PVC, entwickelt. Wegen der räumlichen Nähe zwischen Leuna und Halle, dem Sitz des ZIS, erbte das Institut sozusagen die Betreuung des Verfahrens. Ich wollte anfangs diese Entwicklungsrichtung aus dem ZIS »herausspezialisieren«. Aber meine Mitarbeiter, die Oberingenieure H. Schwarz und W. Schrader, überzeugten mich, daß die Kunststofforschung im Institut unbedingt bleiben müsse.

Zwei Hauptargumente leuchteten mir besonders ein. Erstens gaben Schwarz und Schrader den Kunststoffen eine große Zukunft, und zweitens betonten sie die technologischen Ähnlichkeiten zwischen dem Verbinden von Plast und von Metall. Bis heute hat sich der damalige Entschluß bewährt. Die DDR erzeugt rund 1 Million Tonnen Plaste im Jahr, und der fachliche Austausch zwischen Plastfachleuten und Metallfachleuten brachte große Erfolge.

Kurzfristig gab es noch einmal Schwierigkeiten mit der vorgesetzten Dienststelle. Dort saßen einige Leute, welche die damals hoch im Kurs stehende »Spezialisierung« sehr, sehr ernst nahmen. Nach der Definition des Begriffes »Schweißen« in den Standards handelte es sich um Metalle, und es trat beim Schweißen ein flüssiger Zustand auf. Also, so folgerten sie standardgerecht, dürfe ein Schweißinstitut sich nicht mit Nichtmetallen, bei deren Verbindung nur ein teigiger Zustand auftritt, befassen. Da wir uns fachlich und ökonomisch nicht einig werden konnten, wurde eine Sitzung mit ganz großer Besetzung angesetzt, »in der man dem ZIS es schon zeigen würde«. Wir hatten aber vorsorglich eine Änderung der Definition des Standards vorgenommen, die die Plaste mit einschloß. Es gelang, den neuen Standard noch vor der angedrohten Sitzung für verbindlich erklären zu lassen. Auf der Sitzung stellte sich der ZIS-Vertreter »dumm« und sagte, er verstünde nicht, was man von ihm wolle. Das ZIS arbeite genau innerhalb des gültigen Standards.

Vorschriften lassen sich dem gesunden Menschenverstand anpassen.

Ein besonders schlagendes Beispiel, wie vorteilhaft es ist, nach ähnlichen Technologien zu spezialisieren und nicht nach dem Produktionsgegenstand, führten in den letzten Jahren die japanischen Werften vor. Nach japanischer Auffassung ist es ziemlich einerlei, ob ich ein Schiff baue oder einen Kessel oder einen großen Träger. Daher befanden sich auf fast allen Werften gleichzeitig Abteilungen für Kesselbau und Stahlbau. Als jetzt in den kapitalistischen Ländern die große Werftkrise einsetzte (mit Ausnahme in Südkorea), gingen in Europa die Werften pleite. Die japanischen Werften stellten sich größtenteils auf Ausweichproduktion um.

Spezialisiere nach ähnlicher Technologie.

Junge Kollegen sind oft erstaunt, wenn ich ihnen aufzähle, wie viele Produktionen in den letzten Jahren bei uns verschwanden (Flugzeugbau, Kohlebergbau) und wie viele neu entstanden (Elektronik, Schiffbau). Das Argument einiger Direktoren »unser Erzeugnis findet reißend Absatz« ist für die Zukunft keine Versicherung. Zum Glück drücken die Beschlüsse über die jährliche Erneuerung von 30 Prozent der Produktion, über den Rationalisierungsmittelbau und über den Anteil von 5 Prozent Konsumgüterproduktion die Werke in die richtige Richtung auf die Anpassung an die Bedürfnisse.

Spezialisiere in der Forschung nach ähnlichen Untersuchungsmethoden!

Nach meiner Ansicht soll auch ein Wissenschaftler oder ein Ingenieur sich immer mit mehreren Problemen befassen. Ich weiß, oft wird in diesen Berufen äußerste Konzentration verlangt. Auch wird oft behauptet, es sei günstiger, die Probleme nacheinander zu lösen. Doch gerade wegen der Konzentration ist es gut, ab und zu vom Thema abweichen zu können (und auf einem anderen Gebiet etwas zu leisten), als sich in eine Sache zu verbeißen.

Grübeln führt selten zum Ergebnis.

Noch stichhaltiger ist die Beobachtung, daß ein Versuch nur Stunden oder Tage dauert, die Auswertung jedoch, die in anderen Gruppen vorgenommen wird, oder die Erprobung Wochen oder Monate.

Im ZIS führten wir ein, daß jeder Ingenieur etwa 1000 Stunden im Jahr für Weiterentwicklung der Schweißtechnik aufwenden mußte und 1000 Stunden für Industrieforschung. Durch dieses Verhältnis wurde der Vorlauf gesichert und die Verbindung zur Industrie gefestigt.

»Reinen Wissenschaftlern« und »reinen Praktikern« habe ich stets mit Mißtrauen gegenübergestanden.

Bedenke den Anfang

Im Jahre 1924 meldete der Siemens-Konzern eine Erfindung seiner Ingenieure zum Patent an, nach der ein Draht unter dem Schutz von CO_2-Gas zum Schweißen benutzt werden sollte. Da der Draht beliebige Länge haben konnte, sollte das lästige Wechseln der Schweißelektroden fortfallen. Leider gelang es nicht, das neue Verfahren in den Betrieben einzuführen, denn das Schweißgut war minderwertig. Die Schweißmetallurgen stellten daraufhin eine Theorie auf, warum CO_2 zum Schweißen grundsätzlich nicht geeignet sei.

Hüte dich vor Theorien, warum etwas nicht gehen soll.

Um 1955 entdeckte der Ingenieur Novikov in Moskau das CO_2-Schweißen wieder. Es gelang ihm (entgegen der Theorie), brauchbare Schweißnähte zu erzeugen. Die darauf einsetzenden Untersuchungen zeigten, daß das Problem weniger mit dem CO_2-Gas zusammenhing als vielmehr mit der Art, wie die Stromquelle arbeitete. Ohne die Blokkade »es kann nie funktionieren« hätte man schon ab 1930 unter CO_2 schweißen können. Seit dieser Zeit gab es bereits geeignete Stromquellen.

Prüfe von Zeit zu Zeit »alte Hüte«.

Wie vorschnell man am falschen Ende sucht, erlebte ich als junger Ingenieur auf der Maxhütte in Unterwellenborn. Vor dem Walzen werden die Stahlblöcke in einem Ofen auf die notwendige Temperatur erhitzt. Der Ofen wird mit Gas beheizt. Der Ofenmeister kann das Gas-Luft-Gemisch so regulieren, daß die Ofenatmosphäre keinen Überschuß an Gas oder Luft enthält (neutral). Er kann den Ofen aber auch mit einem Luftüberschuß fahren. Dann bildet sich auf dem Block ein dicker »Pelz« von Eisenoxyd. Diese Luftüberschuß-Methode wird angewendet, wenn der Block das Stahlwerk mit Oberflächenfehlern verließ. Diese Fehler werden dann im Ofen abgebrannt.

Ohne sichtbaren Grund hatten plötzlich alle Träger, die das Walzwerk erzeugte, tiefe Oberflächenrisse. Sie waren Ausschuß. Die Aufregung war natürlich groß. Der Walzwerkchef bekam erhebliche Schwierigkeiten mit der Direktion. Eine Kommission von Professoren der Bergakademie und aus anderen Walzwerken trat zusammen und prüfte die Walzpläne. Die Risse blieben. Schließlich kam ein Mitglied der Kommission auf den Einfall, eine Probe in das Labor zu schicken. Dort sah man unter dem Mikroskop in den Rissen Einschlüsse aus metallischem Kupfer. Vom Labor wurden chemische Analysen des Stahles und des zur Stahlerzeugung benutzten Schrottes angefertigt. Man fand einen erhöhten Kupfergehalt im Ausgangsmaterial. Statt der zulässigen 0,30 Prozent enthielt der Schrott 0,50 Prozent Kupfer. Eisen nimmt nur geringe Mengen Kupfer auf. Ein Überschuß sitzt fein verteilt im Material und ist unschädlich. Nur wenn er an der Oberfläche konzentriert ist, gibt es Risse im Stahl. Beim Erhitzen der Blöcke vor dem Walzen verzundert die Blockoberfläche. Der Sauerstoff in den Brenngasen oxydiert die Eisenatome an der Blockoberfläche. Die Kupferatome werden nicht oxydiert. Sie reichern sich daher auf der Oberfläche an, weil ja die Eisenatome im Zunder verschwinden. Da bei etwa 1200°C der Walzvorgang beginnt, ist das Kupfer (Schmelzpunkt 1050°C) flüssig. Es dringt in die Korngrenzen des Eisens ein. Diese reißen auf, und es entstehen Risse.

Nachdem dieser Zusammenhang klar war, wurde der Vorwärmofen mit Gasüberschuß gefahren, um die Verzunderung des Eisens zu vermeiden und somit auch die Anreicherung des Kupfers zu verhüten. Die Träger verließen wieder rißfrei das Walzwerk.

Viele Tonnen Ausschuß hätten vermieden werden können, wenn die Fachleute bei ihren Untersuchungen sich nicht auf den Abschnitt Walzwerk beschränkt hätten.

Betriebsblindheit ist eine verbreitete Krankheit.
Sieh das Ganze und prüfe alle Teile.
Es ist wertvoll, ein Praktiker zu sein, aber verzichte nie auf die Hilfsmittel der Wissenschaften und umgekehrt.

Bedenke die Folgen

Theoretisch müßte jetzt ein langer Abschnitt über Umweltverschmutzung kommen. Doch ich möchte lieber bei Beispielen aus dem gewöhnlichen Leben bleiben.

Die meisten von uns haben schon erlebt, wie eine neue Konservendosenform in der Kaufhalle ausliegt. Zu Hause stellt man fest, daß zur neuen Form auch ein neuer Büchsenöffner gehört. Wutschnaubend öffnet das Familienoberhaupt schließlich die Konserve (meistens sind es Fischkonserven) mit einem Messer und verschmiert dabei den Doseninhalt über den Tisch und in die Hose.

Als bewußter Staatsbürger fragt er: Warum stand auf der Dose nicht, daß man einen bestimmten Öffner braucht? Warum lag der Dosenöffner nicht zum Verkauf neben den Dosen, sondern (wie er am nächsten Tag feststellte) in einer Verkaufsstelle für Haushaltwaren am anderen Ende der Stadt? Wer entwickelte die neue Dose, ohne das Problem des Öffnens kundenfreundlich (!) zu lösen?

Denke immer an den späteren Anwender.

Ich will nicht alle Fragen aufzählen, die in diesem Zusammenhang möglich sind. Unsere Umwelt ist voller Beispiele von Fällen, in denen Probleme nicht zu Ende gedacht wurden.

Meine Großmutter benutzte eine Brotschneidemaschine, um morgens und abends jeweils 40 Scheiben Brot für ihre zehnköpfige Familie zu schneiden.

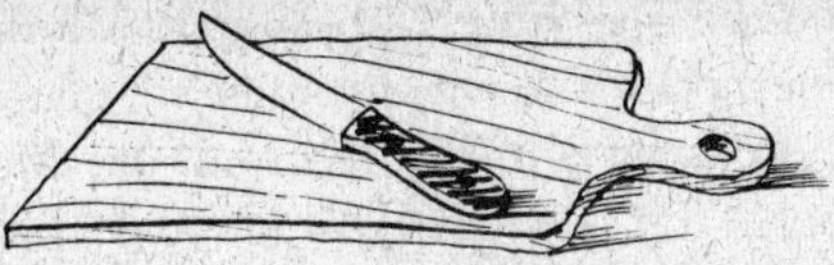

Die »Maschine« bestand aus einem stabilen gußeisernen Gestell. Darauf waren zwei Holzbretter angeschraubt, die im rechten Winkel zueinanderstanden und den Brotlaib festhielten. Am Ende des Gußeisengestells war ein schweres sichelförmiges Messer an einem Gelenk befestigt. Großmutter bewegte nun dieses Messer hebelartig auf und ab und schob dabei das Brot um eine Scheibendicke weiter.

Gute Technik zeichnet sich durch Einfachheit aus.

Wenn sie die Küche saubermachte, wischte sie mit einem feuchten Tuch über die Brotauflage und das Messer, und die Maschine war rein. Jeden Sonnabend spülte sie den ganzen Apparat in einer Schüssel mit Seifenwasser ab.

In meinem Haushalt werden nur noch wenige Brotscheiben zu einer Mahlzeit verzehrt. Gern würde ich geschnittenes Brot, in kleine Portionen verpackt, kaufen. Da meine HO mich aber zwingt, mindestens ein halbes Brot zu erstehen (von dem wir nur die Hälfte essen), besitzen wir eine moderne Brotschneidemaschine. Soweit ist alles gut (vom Unsinn abgesehen, daß ich ein Gerät besitze, um Brot zu schneiden, obwohl ich lieber fertig geschnittenes kaufen möchte). Die Schwierigkeit beginnt, wenn ich meine vier Scheiben abgeschnitten habe und die Maschine säubern will. Mit der Großmuttermethode, einfach mit einem Tuch darüberzuwischen, geht es nicht. Ich muß das Messer abschrauben, die Platte, auf der das Brot liegt, entfernen und mit einem spitzen Gegenstand die Ritzen von Brotkrümeln freikratzen. Das Gerät einfach in Fitwasser zu legen, würde der Motor nicht überleben. Kurz, meine Brotschneidemaschine ist ein Muster an Pflegeunfreundlichkeit. Sie ist dem Gerät meiner Großmutter nur in der Höhe des Preises überlegen. Ihre Konstrukteure haben sich keine ernsthaften Gedanken gemacht, wieviel Zeit verschwendet werden muß, um den Brotschneider sauberzuhalten.

Offensichtlich wurden bei der Zielsetzung die Arbeitsgänge, die nach dem Brotschneiden kommen, nicht berücksichtigt.

Ein hervorragendes Werbeargument: Mein Gerät ist einfach zu reinigen und reparaturfreundlich.

Die zwei letzten Abschnitte – nun positiv

Kräne, Brücken und andere Stahlbauwerke müssen dauernd entrostet und neu gestrichen werden. Ein Hafenbetrieb gab einmal die Jahreskosten für Arbeit, Farbe und Stillstandszeit mit 20000 Mark je Kran an. Daher erhalten diejenigen Kranhersteller die meisten Bestellungen, deren Kräne neben sonstigen guten Eigenschaften anstrichfreundlich sind. Die Oberfläche der Kranträger soll möglichst gering sein und frei von Ecken und Winkeln, damit die Farbe gespritzt werden kann.

Gute Form sieht nicht nur gut aus, sie kann auch Geld sparen.

Eine andere Möglichkeit, die Anstrichkosten zu senken, beruht in der Materialauswahl. Solange rostfreie Stähle noch billig waren, entstanden in verschiedenen Ländern Eisenbahnwagen, die überhaupt nicht angestrichen wurden. Zur Zeit ist dieser Weg durch die Preissteigerungen von Chrom und Nickel versperrt.

Prüfe immer, wo die höheren Kosten anfallen.

Ein dritter Weg ist der Einsatz rostträger Stähle. Den Grundgedanken habe ich in dem Abschnitt »Bedenke den Anfang« bereits beschrieben. Die Zunderschicht, die sich im Ofen des Walzwerkes schnell bildet, entsteht bei Normaltemperatur als Rost langsam. Aber sowohl beim Zunder als auch beim Rost reichern sich Kupfer, Phosphor und andere Elemente auf der Oberfläche des Stahles an. Schließlich wird ihre Konzentration so hoch, daß das Rosten (fast) ganz unterbrochen wird.

Denke nach, ob ein Verfahren aus einem anderen Gebiet sinnvoll genutzt werden kann.

Neuerdings stehen auch Stähle mit Plastüberzügen zur Verfügung.

Das sind vier Wege, die ein Stahlbauer gehen kann, um dem Verbraucher das Anstreichen ganz oder teilweise zu ersparen.

Auf die Kosten vor der Hauptarbeit richtete Dr. Ruhsland im ZIS sein Augenmerk. Dr. Ruhsland forschte über Metallkleber. International verbesserte man die Festigkeitseigenschaften der Kleber immer mehr. Gleichzeitig stiegen aber auch die Ansprüche an die Vorbereitung der Metalloberfläche vor dem eigentlichen Kleben. Natürlich erforschte man auch immer wirksamere Methoden zur Vorbereitung des Klebens. Schließlich lagen etwa 90 Prozent des Kosten- und Zeitaufwandes bei der Vorbereitung.

Dr. Ruhsland setzte sich daraufhin das Ziel, einen Kleber zu finden, dem nicht nur eine nicht vorbereitete Fläche genügt, sondern der noch fester klebt, wenn Rost oder Öl die Oberfläche »verschmutzt«.

Tatsächlich gelang es, einen solchen Kleber zu finden.

Heute geht die Entwicklung international in die Richtung: Kleber für ungereinigte Flächen.

Manches Ziel scheint anfangs unvernünftig zu sein – verfolge es trotzdem.
Wenn alle vernünftigen Leute in eine bestimmte Richtung gehen – habe den Mut, nach einem neuen Weg zu suchen.
Auch der »internationale Trend« braucht nicht immer richtig zu sein.

Vielleicht ist es gut, den Vorgang um den Kleber nochmals zusammenzufassen.

Die Chemiker entwickelten immer »bessere« Klebstoffe. Die Fachleute für Oberflächenreinigung von Metallen entwickelten immer raffiniertere Methoden zum Entfetten, Entrosten und zum Aktivieren der Oberflächen.

Es war »logisch«, diese Entwicklung immer weiter fortzusetzen. Aber erfolgreicher war der »unlogische« Weg.

In den Anfängen der Segelfliegerei gab es bei harten Landungen Wirbelsäulenverletzungen der Flieger. Logischerweise brachte man unter ihrem Sitz Sprungfedern an, sie sollten den Stoß beim Landen auffangen. Daraufhin nahm die Zahl der Wirbelsäulenschäden zu.

Schließlich kam ein »Unlogiker« auf den Einfall, die Sprungfedern so hart zu machen, daß sie erst ansprachen, wenn die Elastizität der Wirbelsäule fast aufgebraucht war. Die Beanspruchungsreihenfolge war also: Zuerst stauchte die Wirbelsäule, und wenn das nicht ausreichte, sprachen die Sprungfedern an.

Die Zahl der Wirbelsäulenschäden nahm deutlich ab.

Prüfe, in welcher Reihenfolge Beanspruchungen auftreten.
Prüfe stets und immer, ob es »andersherum« nicht besser geht.

Wie entsteht eine Anordnung

Während meiner Dienstzeit habe ich an Gesetzen, Verordnungen, Anordnungen, Verträgen und Standards mitgearbeitet. Viele davon waren notwendig und nützlich. Andere waren das Papier nicht wert, auf das sie geschrieben wurden.

Diesen Abschnitt schrieb ich unter dem unmittelbaren Eindruck einer Abschlußbesprechung über eine Verordnung. Alle Angaben sind original.

In einem Staat mit 16 Millionen Einwohnern und einer großen Industrie passiert täglich, stündlich und minütlich irgend etwas, was eigentlich nicht sein dürfte.

Es wird gestohlen, falsch geparkt, ein Unfall verursacht. Wenn sich auf einem Gebiet solche Vorfälle häufen, dringt die Kunde bis zu einem Leiter (Minister, Direktor, Leiter eines Amtes usw.) vor. Dieser ordnet dann an: Hier muß eine Regelung geschaffen werden. Er beauftragt einen ihm geeignet erscheinenden Mann (wen haben wir denn frei?), eine solche Regelung zu erarbeiten.

Wird die Regelung geschaffen, um jemand zu decken oder weil sie wirklich nötig ist? Prüfen!

Der Beauftragte kennt fünf Leute, die etwas von dem Thema verstehen. Er ruft sie zu einer Besprechung zusammen. Weiter weiß er, daß 11 weitere Dienststellen eingeladen werden müssen, weil die neue Regelung mit ihnen abgestimmt werden muß oder weil man sie immer einlädt.

Es treten daher 17 Mann zu einer konstituierenden Sitzung zusammen. Der Vorsitzende erklärt, warum sie sich treffen.

Der erste Fachmann hält den Grund für falsch. Er hält eine neue Vorschrift für überflüssig. Er vertraut auf den gesunden Menschenverstand, der (nach seiner Meinung) durch Vorschriften weder gehoben noch abgebaut wird.

Da aber eine Anweisung vorliegt, die Vorschrift zu entwerfen, malt er Männchen auf seinen Notizblock und schweigt.

Der zweite und der dritte Fachmann möchten keine neue Vorschrift. Sie halten es für ausreichend, wenn einer bereits bestehenden Verordnung ein Zusatzpunkt angefügt wird. Aus dem Kreis der 11 Mitfachleute widerspricht ein Jurist mit triftigen rechtlichen Gründen. Die beiden anderen Fachleute denken, es wird schon nicht so viel Arbeit anfallen, und sagen nichts.

Daraufhin faßt der Vorsitzende zusammen. Er sagt, die Vorschrift muß im arbeitsteiligen Prozeß hergestellt werden. Das hört sich gut an, und die Anwesenden notieren diesen Satz. Es werden dann 5 Unterkommissionen gebildet, die Entwürfe für Teilgebiete ausarbeiten sollen. Termine werden festgesetzt, und man geht auseinander.

Nach 14 Tagen erhält jeder Teilnehmer ein Protokoll. Zwei protestieren gegen Formulierungen. Es entwickelt sich ein eifriger Schriftverkehr.

Zur nächsten Sitzung erscheinen 14 Teilnehmer (2 entschuldigt, 1 unentschuldigt). Davon sind 6 Vertreter. Sie wissen natürlich nicht, worum es sich eigentlich handelt, und drei Stunden lang wiederholt sich eine Diskussion, die eigentlich vor vier Wochen schon abgeschlossen war.

Laß als Vorsitzender keine »Vertreterdiskussion« zu.

Nach eineinhalb Jahren und 16 Sitzungen (einschließlich der Tagungen der Unterkommission) findet die Abschlußbesprechung statt. Anwesend sind: 4 Fachleute, 3 Männer von 11, die bei der konstituierenden Sitzung dabei waren, 3, die entschuldigt als Vertreter teilnehmen, und 5, die bereits mehrere Besprechungen mitmachten.

Der Vorsitzende dankt allen und betont die breiten Grundlagen, auf denen die Regelung (21 Seiten) entstand. Mit einem leisen Ton der Hoffnung in der Stimme fragt er, ob noch jemand etwas sagen möchte.

Es meldet sich eines der »Gründungsmitglieder«: Er möchte eine Erklärung abgeben. Er habe immer, so führt er aus, seine Meinung klar mündlich und schriftlich dargelegt. Trotzdem weiche der 3. Entwurf in 20 Punkten von seiner Ansicht ab. Er betrachte das als Mißachtung seiner Person, und er lehne daher jede weitere Mitarbeit ab.

Merke: Alle sind für Demokratie, solange ihre Meinung befolgt wird.

Erregte Diskussion.

Der Vorsitzende versäumt zu sagen: »Angenommen, Sie können geh'n.«

Laß dich als Vorsitzender nie erpressen!

Aus dem Kreis der »Neulinge« erhebt sich einer. Er könne nicht zustimmen, weil er die Vorlage erstmalig sehe. Wieder lange Diskussion. Der Vorsitzende weist an Hand von Dokumenten nach, daß der Vorgesetzte des Diskussionsredners schriftlich zugestimmt hat.

Wenn einer erklärt, er sei nicht kompetent, wirf ihn 'raus, oder entziehe ihm zumindest das Wort.

Nun meldet sich einer der Fachleute. Der Vorsitzende macht ein ängstliches Gesicht, weil er einen begründeten Einspruch fürchtet. Doch nein, der Fachmann wünscht eine stilistische Änderung. Er verlangt, daß auf Seite 2, Absatz 4, Zeile 3 das Wort »oder« durch »beziehungsweise« (bzw.) ersetzt wird. Diskussion. Ein Duden wird beschafft. Die meisten Anwesenden hören erstmals, daß bzw. fast immer falsch ist – und vergessen es sofort. Nach drei Stunden sind alle erschöpft. Mindestens 4 haben sich erzürnt und beschließen, sich bei passender Gelegenheit »eins auszuwischen«. Die Anordnung wird bestätigt.

Alles wurde besprochen, nur eines nicht: Wie sollen die von der Regelung Betroffenen sich die 21 Seiten Text zusätzlich merken? Nehmen wir an, 50000 Menschen müssen die Anordnung beachten.

- Wieviel Prozent erfahren, daß sie erscheint?
- Wieviel Prozent davon sind in der Lage, 21 Seiten komplizierten Text zu lesen?
- Wieviel Prozent davon verstehen den Text (der Jurist hat fleißig mitgearbeitet)?

– Wieviel Prozent davon behalten die wesentlichen Stellen länger als 7 Tage?

Auch Regelungen müssen anwenderfreundlich sein.

Ich gebe zu, bei der hier geschilderten Regelung lief sehr viel schief. Ich habe auch die Ausarbeitung von Vorschriften erlebt, bei denen alles bestens organisiert war und wo auch fachgerecht diskutiert wurde. Doch manches, was hier erzählt wurde, trifft in Teilen auch auf andere Fälle zu.

Der »sichere Blick für das Unwesentliche« kostet dein und mein Geld.
Mitregieren erfordert auch, sich mit der besten Form des Papieres zu befassen.

Reden und reden lassen •

Es gibt keine Statistik, wie viele Reden, Ansprachen und Diskussionsbeiträge täglich gehalten werden. Doch besteht Einigkeit, ihre Zahl ist erschreckend hoch. Um so verblüffender ist es, daß es auf diesem Gebiet keine Ausbildung gibt (höchstens bei den Theologen). Wenn Kommunikation und Information (also reden und zuhören) immer wichtiger werden, wenn das gesprochene Wort eine Quelle der Motivation sein kann (oder demotivierend wirkt), dann müßte die Kunst der Rede bereits auf den Schulen oder spätestens auf den Hochschulen gelehrt werden.

Ich sehe in diesem Buch ab von Reden, wie sie bei großen politischen und staatlichen Anlässen gehalten werden. Hierfür gelten besondere Gesetze. Auch über den Zeitfaktor möchte ich nichts sagen, das geschah bereits in »Wege zum Erfolg«. An dieser Stelle dreht es sich um die Motivation.

Machen wir uns klar: eine Ansprache, die ohne Zweck gehalten wird, ist Zeitverschwendung.

Was willst du durch deine Worte erreichen?

Wenn sich jeder Redner vorher die Frage nach dem Ziel stellen würde, müßten wir weniger, kürzere und interessante Reden anhören.

Kurt Tucholsky schlug zwei grundsätzlich verschiedene Wege vor, um zu dem gewünschten Ziel zu gelangen. Entweder der Redner wendet sich an das Gemüt, oder er spricht über Tatsachen (Zahlen!).

Wie willst du auf deine Zuhörer einwirken?

Zum Frauentag soll man anders reden als auf einer Gewerkschaftsversammlung. Das fühlen die meisten Sprecher – aber zum Frauentag (oder sonst einem besonderen Fest) fällt ihnen nichts Neues ein. Die Ansprachen bei solchen Gelegenheiten sind meistens von einschläfernden Wiederholungen gekennzeichnet:

Laß dir etwas Neues einfallen, und laß das Alte weg!

Die meisten Reden sind eine vorgelesene Schreibe. Der Mann oder die Frau am Pult haben sich hingesetzt und ihre Worte »zu Papier gebracht«. Automatisch werden geschriebene Sätze viel länger als gesprochene. Das Ohr der Zuhörer ist aber auf kurze Sätze und nicht auf die endlosen Schachtelsätze, die die deutsche Sprache im Gegensatz zur englischen hat, die auch kürzere Wörter besitzt und daher für Reden besser geeignet ist, eingestellt (Uff!). Das war ein kurzer Schachtelsatz. In der Rede sollte er sich etwa so anhören: Unser Ohr ist auf kurze Sätze eingestellt. Schachtelsätze gehen an unserem Aufnahmevermögen vorbei. Im Englischen sind Wort und Satz kürzer als bei uns. Daher gibt es auch viele gute Redner unter den Angelsachsen.

Wenn ich Ansprachen halten mußte, die so wichtig waren, daß Stichworte als Gedankenstütze nicht genügten, habe ich den Entwurf diktiert. Dadurch hatte ich automatisch das gesprochene Wort. Die Sätze habe ich nicht berichtigt, wenn sie beim

Durchlesen »unelegant« wirkten. Dafür strich ich alle Stellen, von denen ich annahm, daß sie allgemein bekannt seien.

Erzähle nicht, was alle wissen!

Dadurch schrumpfte das Manuskript angenehm zusammen. Dann multiplizierte ich die restlichen Seiten (30 Zeilen mit 60 Anschlägen) mit 2,5 und erhielt die Rededauer in Minuten. Und zum Schluß prüfte ich nochmals, ob meine Worte dem gewünschten Ziel angemessen waren.

Einige allgemeine Regeln sind:

Es ist besser, die Zuhörer 10 Minuten zu fesseln als 30 Minuten zu langweilen.
Gehe davon aus, daß deine Zuhörer auch intelligent sind.
Lachen ist in den meisten Fällen erlaubt. Bekämpfe den tierischen Ernst.
Sage, was du wirklich ehrlich auf dem Herzen hast. Alles übrige streiche!

Die Computer kommen

Ein Problem, das mich seit fast 20 Jahren beschäftigt, ist: wie kann man die elektronische Datenverarbeitung in der Forschung nutzen.

In dem Buch »Mehr Spaß mit dem Taschenrechner«, das ich mit Dr. Altrichter gemeinsam schrieb, zeigten wir, wie durch die Möglichkeiten des Rechners Tatsachen, die man bisher »glaubte«, nachgeprüft werden können. Oder umgekehrt, Nachweise, die man sonst wegen der Rechnerarbeit vermied, können nun gebracht werden.

Nachdem die EN-Anlagen kleiner, billiger und immer leistungsfähiger wurden, nutzten wir sie für die Konstruktions- und technologischen Arbeiten, die heute unter dem Begriff CAD/CAM bekannt geworden sind. Offen ist für mich immer noch die Hilfe bei Zielsetzungen mit dem Computer. Es gibt Programme, um die Wirtschaftlichkeit verschiedener Entscheidungen zu vergleichen. Aber das sind letzten Endes einfache Rechenaufgaben.

Die Heuristiker haben Dialoge zwischen Mensch und Rechner entworfen, die bei der Planung von Zielen helfen sollen.

Bei näherer Betrachtung zeigt sich jedoch, daß es sich eigentlich um Fragebögen handelt, die man auch ohne Computer aufstellen könnte (womit natürlich nicht gesagt ist, daß die Rechnerhilfe keine Vorteile bringt).

Letzten Endes muß man sich bei Überlegungen über den Rechnereinsatz in der Forschung und Entwicklung auf die Maßstäbe stützen, die die EDV-Mathematiker selbst gesetzt haben. Sie sagen: Alles, was beschreibbar ist, kann programmiert werden.

Sobald man diesen Satz anwendet (oder seinen Gegensatz: Was nicht beschreibbar ist, kann nicht programmiert werden!), erkennt man, was möglich ist und was wir noch erwarten können.

Um beim Thema dieses Buches zu bleiben, stellen wir fest:

1. Der Ablauf einer Forschung oder Entwicklung ist programmierbar.
2. Der Computer kann uns »erinnern« und uns die verschiedenen Möglichkeiten einer Lösung aufzeigen.
3. Alle Geld- und Planungsfragen gehören in den Computer. Es ist falsch, ein intelligentes Gehirn damit zu belasten.
4. Aber – kein Computer begeistert sich für Damenstrümpfe ohne oder mit Naht.
5. Der schönste Computerausdruck motiviert keinen Menschen, bis zur Erschöpfung zu arbeiten.

Es erscheint mir notwendig, etwas über Simulation mittels EDV-Anlage zu sagen. Eine Zeitlang waren Simulationen »in«. Nun ist die Mode etwas abgeflaut. Doch mit neuer Rechnergeneration, mit neuen Möglichkeiten wird bestimmt eine neue Simulationswelle auf uns zukommen.

Nun ist natürlich nichts dagegen einzuwenden, in der Wissenschaft oder in der Technik eine Sache auf dem Papier oder mittels Chips auszuprobieren. Nur einige Punkte sollten stets mitgesagt werden:

1. Der Rechner simuliert nur an Hand der einzelnen Programme, und die wurden von Menschen entworfen (einschließlich aller Programmfehler).
2. Der Rechner kann in einer »Notsituation« keinen völlig neuen Entschluß fassen.
3. Wenn Simulation und Praxis nicht übereinstimmen, hat der Rechner unrecht.

Am besten ist wohl, wenn wir bei allen Resultaten, die wir mit einer EDV-Anlage erreichen, fragen: Um wieviel wohlhabender sind wir dadurch geworden?

Wenn wir das Leistungsprinzip so anwenden, würden wir schnell die großen Vorteile nutzen und alle »Beschäftigungen mit dem Spielzeug für Männer« schnell abstellen.

Der richtige Zeitpunkt

Tradition kann für die Entwicklung sehr hinderlich sein. Die Redensart »das haben wir immer so gemacht« finde ich schrecklich. Sie war immer ein Grund für mich, jetzt unbedingt auf einer Änderung zu bestehen.

Was lange dauert, ist meistens überholt.

Tradition kann auch sehr nützlich sein. Vor allem, wenn sie bestimmte Termine festlegt. Jeder weiß, zum 24. Dezember muß ich Geschenke und einen Weihnachtsbaum besorgen. Man weiß das ein ganzes Jahr lang – und kauft natürlich nichts. Aber dann haben kluge Planer die vier Adventssonntage (nebst Einkaufssonntag) in den Kalender aufgenommen. Die Zahl der brennenden Adventslichter ist ein Countdown, endlich mit den Weihnachtsvorbereitungen zu beginnen.

Aus ähnlichen Überlegungen heraus führen wir im ZIS Termine für die Forschungsplanung ein ohne Rücksicht auf die staatlichen Termine.

Am ersten Montag des Jahres sprach (und spricht) der Direktor vor den Ingenieuren über seine Vorstellungen für die Forschung des nächsten Jahres. Damit ich ganz richtig verstanden werde: Am ersten Montag des Jahres 1985 spricht der Institutsdirektor über die Forschung des Jahres 1986, die zwischen 1988 und 1990 wirksam wird.

Planung kann nicht früh genug beginnen.

Ich weiß natürlich, daß in vielen Einrichtungen die Chefs zum Jahreswechsel anfeuernde Worte an ihre Belegschaft richten, den Plan vom ersten Tag an zu erfüllen usw. Nach meiner Ansicht und Erfahrung sind solche Ansprachen Zeitvergeudung. Entweder das beginnende Jahr ist gut vorbereitet, dann bedarf es keiner Rede. Oder die Vorbereitung war schlecht. Dann wird sie durch Reden nicht besser, sondern nur durch Arbeit und Leistung.

Um aber ein Planjahr gut vorzubereiten, kann man gar nicht früh genug beginnen. Eine Vorbedingung ist natürlich, daß der Vortragende eine Vorstellung hat, welche Bedürfnisse in drei bis fünf Jahren bestehen werden und welche Maßnahmen zu ihrer Befriedigung in etwa 360 Tagen ergriffen werden müssen. Niemand verlangt von einem Direktor (oder Abteilungsleiter oder Meister) Einzelheiten. Aber jeder Fachmann verlangt Schwerpunkte, Richtzahlen, Ankündigung von Maßnahmen, Investitionen, Überführungen von Ergebnissen und Termine.

In Perspektivvorstellungen zeigt sich, wer ein guter Leiter ist.
Nicht der »Durchreißer« mit Hau-Ruck-Aktionen hat auf die Dauer Erfolg, sondern der sorgsame langfristige Planer.

Nun haben die Mitarbeiter etwa drei Monate Zeit, um
– sich zu überlegen, was ihr Chef gesagt hat,
– ihre eigenen Ideen zu entwickeln,
– diese beiden Ideen in einen Einklang oder in einen Widerspruch zu bringen.

Nichts ist schlimmer als Mitarbeiter, die immer mit ihrem Vorgesetzten einverstanden sind.

Der nächste traditionelle Termin liegt im April. Dann muß jeder Forscher, der ein Thema bearbeiten will, sein Angebot abgeben.

Die Angebote (die ich noch beschreibe) laufen auf dem Dienstweg zum Forschungsdirektor.

Die richtige Rede

Im vorigen Abschnitt sprach ich über die Rede, die im ZIS vom Institutsdirektor am ersten Montag des Jahres gehalten wird. Ich habe dafür immer 20 Minuten (eine sehr lange Zeit!) vorgesehen. Natürlich muß man sich sehr genau überlegen, was man in 20 Minuten (eine sehr kurze Zeit) sagen will.

Jeder, der sich die Mühe macht, Ansprachen

oder Schriftstücke zur Forschung zu analysieren, wird erstaunt sein, wieviel Zeit vergeudet wird, um einfache Dinge zu sagen. Als Beispiel zitiere ich aus einem sonst sehr schönen Buch über Erfinden.

»Die schöpferische Wettbewerbsinitiative der Werktätigen in den produktionsvorbereitenden Bereichen trägt mit erfinderischen Leistungen immer stärker dazu bei, die Entwicklung von Wissenschaft und Technik zu beschleunigen und deren ökonomische Wirksamkeit zu erhöhen.« usw.

Natürlich »schaltet« jeder sofort »ab«, auf den solche Satzungetüme einprasseln.

Der Verfasser dieses Satzes (und der nicht zitierten Sätze) hat am Schluß wohl selbst ein ungutes Gefühl. Daher zitiert er den Originalsatz, den er »für die Massen verständlich interpretiert hat«:

»Gen. Harry Tisch auf der 9. Tagung des Bundesvorstandes des FDGB:
Die wachsende ökonomische Wirksamkeit von Wissenschaft und Technik muß sich auch in der Zunahme erfinderischer Leistungen ausdrükken.«

Kürzer kann man es nicht sagen!

Und nach dem Zitat von Harry Tisch kann man fortfahren:

Daher habe ich folgende Maßnahmen ergriffen. Erstens, zweitens usw.
Ich hoffe, daß die Gewerkschaftsleitung mir möglichst bald weitere Vorschläge macht. Wie wäre es mit einem guten Wettbewerb, wer der

erfolgreichste Erfinder und Neuerer ist. Ich stelle 10000 Mark zur Verfügung.

Was eine schöpferische Wettbewerbsinitiative der Werktätigen in den produktionsvorbereitenden Bereichen ist, bedarf sprachlich und sachlich einer langen Überlegung. Ein Wettbewerb um die höchste Zahl von Patenten oder den höchsten Nutzen mit 10000 Mark Prämie ist allgemein verständlich.

Erkläre keine Zitate leitender Partei- und Staatsfunktionäre, deine Zuhörer (oder Leser) sind mindestens so intelligent wie du!

Verwende Originalzitate und hänge sofort deine Schlußfolgerungen in Tonnen, Mark oder sonstigen Maßen an.
Merke: alle »eingehenden« Worte der deutschen Sprache sind kurz.

Es gibt in Reden und Aufsätzen über Leitungstätigkeit, Forschung, Kreativität und Wettbewerb einen auffälligen Trend. Es ist immer von den Werktätigen die Rede, die irgendwelche Leistungen zu bringen haben. Das ist erst einmal richtig. Doch mir scheint, ein guter Leiter (einerlei, auf welcher Stufe) soll und muß bei Forderungen immer mitsagen, was er leistet.

Nur gutes Beispiel überzeugt.

Ein Vorgesetzter, der jährlich mindestens eine Erfindung macht, kann verlangen, daß seine Ingenieure das gleiche leisten. Und sie werden es auch tun!

Ein Direktor oder Meister, der nur verlangt und selber nichts leistet, wird wenig Erfolg mit Reden und Aufrufen haben. Niemand wird von einem Forschungsdirektor verlangen, daß er besonders gut mit Hacke und Spaten umgeht (obwohl es nichts schadet, wenn er es kann). Aber jeder Mitarbeiter wünscht, daß sein Chef ein erfolgreicher Forscher, ein bekannter Wissenschaftler oder ein verdienter Erfinder ist. Wohlgemerkt: ist (!), nicht gewesen ist.

Das Angebot

Nach einem Vierteljahr der geistigen Klärung reicht im ZIS der Forscher seinen Vorschlag für das nächste Jahr ein. Ich übergehe hier die organisatorischen Probleme, die dadurch entstehen, daß natürlich ein großer Teil der Themen nicht am 1. Januar beginnt. Dadurch ergeben sich nur Verschiebungen, die das Grundsätzliche nicht betreffen.

Wie man sieht, wird ein Blatt mit zwei Seiten ausgefüllt. Der bürokratische Aufwand ist also verschwindend gering. Der geistige Aufwand, sich kurz und präzise auszudrücken, ist dafür um so größer.

Zu 1. Hier sind die Leistungsstufen das wichtigste. Der Forschungsdirektor beurteilt, wie groß der Anteil an Grundlagenforschung und an sofort einführbarer Forschung ist.

Hier ist es notwendig, den Begriff Grundlagen-

Themenantrag

(Als Grundlage für die Entscheidung der Fo.-Leitung)

Plan 19 **WISSENSCHAFT UND TECHNIK**

---

1 Bearbeiter: Plan-Nr.:
Kurzthema:
Beginn: L.-Stufe: Ende: L.-Stufe:

---

2 Zu erwartende Möglichkeiten der Anwendung des angestrebten Ergebnisses:

---

3 Merkmale des anzustrebenden Ergebnisses:
3.1. technische

3.2. ökonomische

---

4 Bedingungen der Themenbearbeitung:
4.1. Beteiligte H F-Kader (Namen)

4.2. Sonstige Bedingungen

5 Auflistung der zu lösenden wissenschaftlichen Teilprobleme:

---

6 Erforderliche Zuarbeit:

---

7 Vorgesehene Überleitungen, Schutzrechtsvorhaben (ja-nein)

---

8 Bemerkung der Fo.-Leitung:

Forschungsdirektor

Ag 307 84 8643 1500 IV/10/6

forschung zu definieren. Eine neue Technologie, die bei ihrer Einführung einen Industriezweig stark verändert, zähle ich durchaus zur Grundlagenforschung.

Grundlagenforschung kann sehr praxisnah sein.

Zu 2. Hier ist das volkswirtschaftliche Bedürfnis, über das ich bereits sprach und das wir befriedigen wollen, einzutragen.

Zu 3. Hier müssen Zahlen stehen! Leistungen der Maschine oder der Technologie und Geld. Bei Themen, die nicht unmittelbar Nutzen bringen, muß ein Hinweis gebracht werden auf den indirekten Nutzen, z. B. 3.1.: Ich will ein Gefügediagramm für den austenitischen Stahl aufstellen zur schnelleren Beurteilung des Gefüges unter dem Mikroskop. 3.2: Die Haupteinsatzgebiete sind die chemische Industrie und der Reaktorbau.

Zu 4. Hier muß stehen, welche Spezialisten ich außerhalb meines Arbeitsgebietes benötige. Bei 4.2. sind zum Beispiel Investitionen einzutragen.

Zu 5. Jede Forschungsaufgabe besteht aus Teilen, die bekannt sind, und Teilen, die unbekannt sind. Letztere sind aufzulisten. Wenn möglich ist die Reihenfolge anzugeben, in der sie gelöst werden müssen. Wenn möglich sind auch die Termine der einzelnen Schritte anzugeben.

Hier sieht der Forschungsdirektor (aber auch der Forscher selbst), was alles gemacht werden muß. Man kann abschätzen, ob die Ansprüche zu gering oder zu groß sind.

Zu 6. Forschung ist meistens sehr komplex. Hier muß der Forschungsdirektor prüfen, ob von anderen Forschungsgruppen Anträge gestellt wurden, die das vorliegende Thema unterstützen. Wenn beispielsweise der vorliegende Antrag sich mit einem neuen Schweißverfahren befaßt, dann muß sich eine andere Gruppe mit dem Arbeitsschutz bei dem zu entwickelnden Verfahren befassen. Und zwar möglichst früh!

Zu 7. Hier trägt der Forscher ein, wenn er hofft, daß seine Arbeit zu einem Patent führt. Aber ich würde niemand »zur Verantwortung ziehen«, wenn er keine patentwürdige Lösung findet. Niemand kann mit völliger Sicherheit versprechen, was bei einer (echten) Forschung herauskommt.

Zu 8. Hier schreibt der Forschungsdirektor des ZIS hin, was er zu dem Vorschlag meint. Natürlich muß er mit vielen Forschern vorher diskutieren oder Erläuterungen verlangen. Er wird auch prüfen, ob der Vorschlag mit den Gesamtzielen des Institutes übereinstimmt oder ob er aus materiellen oder personellen Gründen überhaupt durchführbar ist. Immer muß er dabei die Bedürfnisse der Volkswirtschaft in drei bis fünf Jahren im Auge haben.

Die Flugzeug-Story

Bei meinen Reisen war ich einmal einige Tage mit einem Ingenieur zusammen, der als Konstrukteur in einem Flugzeugwerk arbeitete. Als wir abends bei einem Glas Whisky zusammensaßen (der Fachmann merkt, in welchem Land die Geschichte spielt), meinte ich, es müsse doch ein stolzes Gefühl sein, einen der modernen Riesenjets zu entwickeln. Der Konstrukteur sah mich erstaunt an: »Ich habe mit so einem Flugzeug nur etwas zu tun, wenn ich eine Reise mache. Sonst konstruiere ich seit zehn Jahren tagein, tagaus nur Türen.«

Er erklärte mir dann, daß er »von oben« einige Maße bekäme, und innerhalb dieser Maße müsse er dann eine Tür konstruieren. (Diese Angabe entspricht dem volkswirtschaftlichen Bedürfnis unserer Forschungsplanung.) Ob das Flugzeug mit dieser Tür gebaut würde, sei unwahrscheinlich. Bei jeder Änderung des Gesamtprojektes erhielte er neue Maße und müsse neue entwerfen.

Ich erzähle diese Geschichte für jene Leute, die nach dem vorigen Abschnitt sagen: »Sehr schön, aber (!) man kann einen Bagger oder ein Schiff nicht auf einem Blatt Papier planen.«

Sätze mit Ja – aber sind immer bedenklich.

Natürlich kann man das nicht! Man kann auch den Auftrag »Automatisierung der Schweißtechnik« nicht auf zwei Seiten fachgerecht planen. Die etwa 80 Themen im ZIS gehören zu vier bis fünf Vorhaben, oder mit anderen Worten: 15 bis 20 Forschungsgruppen arbeiten an einem Komplex. Es wäre sehr schwierig zu überschauen, wenn jemand 20 Seiten Planung über den Gesamtkomplex beurteilen müßte. Aber durch die Unterteilung in 20 Untergruppen zu je einer Seite erreichen wir:

- der Spezialist für ein Gebiet äußert sich sachkundig,
- der Forschungsdirektor und andere Stellen erhalten das Material überschaubar aufbereitet,
- durch die Punkte 4 und 6 muß zweimal nachgedacht werden, wie die Zusammenarbeit innerhalb des Komplexes verläuft,
- durch den Punkt 7 erhält man eine überschaubare Liste der Teilprobleme,
- durch die Untergliederung wird die Verantwortung für einen Abschnitt des Komplexes genau festgelegt.

Insgesamt erhält man eine Planung der Fachleute »von unten nach oben« innerhalb der vorgegebenen Gesamtziele.

Laß die Fachleute mitsprechen!
Mitplanen heißt, die Verpflichtung zu eigenen Leistungen übernehmen!

Natürlich braucht man sich nicht sklavisch an den hier gezeigten Vordruck zu klammern. Er ist in langen Jahren aus der Erfahrung entstanden. Ich glaube jedoch, daß nur ein noch kürzeres Formblatt noch besser sein könnte, und mir fällt nicht ein, was man fortlassen könnte.

Es wird immer Ingenieure geben, die Schwierigkeiten haben, ihre Sorgen und Probleme auf zwei

Seiten zu beschränken. Meistens sind es die, die sich bitterlich über die Bürokratie beklagen. Die Erfahrung zeigt, daß mangelnde Kürze immer mit mangelnder Klarheit einhergeht.

Natürlich kenne ich auch Leiter, die die Wichtigkeit einer Sache nach dem Umfang des eingereichten Dokumentes beurteilen. Auch dagegen gibt es einige Mittel. Doch das ist nicht das Thema dieses Buches.

Ich habe einen Freund, der sich über die langen und langweiligen Besprechungen seines Chefs ärgerte. Er kaufte mein Buch »Wege zum Erfolg«, schlug den Abschnitt über die Organisation von Besprechungen auf und legte das Buch auf den Platz seines Vorgesetzten.

Dieser nahm das Buch mit nach Hause.

Bei der nächsten Besprechung fragte er: »Sollte das Buch eine Kritik sein?«

Ob die Sitzung kürzer wurde, weiß ich nicht. Aber es ist immerhin gut, wenn ein Leiter merkt, seine Mitarbeiter kritisieren ihn.

Das Rückkopplungsprinzip

Was eine Rückkopplung ist, lernt man heute in der Schule. Als die Menschen noch nicht so gebildet waren, wie wir es sind, und das Wort noch nicht erfunden war, verlegten sie die Rückkopplung (ohne sie so zu nennen) in die Märchenwelt.

Bekannt sind die Märchen über den Kalifen Harun-al-Raschid, der, so wird erzählt, mit seinem

Wesir verkleidet und unerkannt durch die Gassen von Bagdad ging. Er erlebte dort an sich selbst, welche Folgen seine Gesetze hatten.

Diese Art von Märchen spiegeln die Wünsche der Völker wider, daß »die da oben« einmal erleben müßten, wie es »hier unten« aussieht.

Nun brauchen wir natürlich mit solchen Wünschen nicht bis auf Harun-al-Raschid (um 800) zurückzugehen. Die meisten von uns haben schon einmal in einem verspäteten, schlecht geheizten und überfüllten D-Zug gestanden und hätten gern einmal mit dem zuständigen Obereisenbahner gesprochen. Was aber für das Kalifenreich gut war und (beispielsweise) für die Reichsbahn nicht schlecht, trifft auch auf jede andere Organisationsform zu, auch auf Forschungsstellen.

Rückkopplung ist ein wichtiges Leitungsprinzip.

Zum Glück brauchen sich die leitenden Mitarbeiter nicht zu verkleiden, um zu erfahren, wo einen Forscher oder Konstrukteur der Schuh drückt. Es genügt, wenn sie selbst ein Forschungsthema übernehmen. Ich meine hier nicht bei einer nationalpreisverdächtigen Forschung die Oberleitung. Ich meine ein richtiges, kleines (denn der Direktor hat ja noch andere Aufgaben) Forschungsthema in eigener Verantwortung und mit eigenen Leistungen.

Jedes Jahr im April habe ich bei dem Forschungsdirektor meinen Angebotsbogen eingereicht. Es hat mich immer mit tiefer Befriedigung erfüllt, wenn Prof. Herden unter Punkt 8 seine

(mitunter abweichende) Meinung dazu schrieb. Auch habe ich immer pünktlich meinen Abschlußbericht abgeliefert.

Erst einmal macht mir Forschen Spaß. Dann habe ich auf diese Art immer sehr schnell gemerkt, wenn ich Unsinn angeordnet hatte. Vor allem konnte ich immer sachkundig mitreden, soweit es die Organisation im Institut betraf. Auch lassen sich Forderungen nach Patenten vertreten, wenn man selbst jährlich einige anmeldet. Wohlgemerkt, nicht im Schlepptau eines Kollektivs, sondern als Ergebnis eigener Leistung.

Wer etwas leistet, kann auch Leistung fordern.

Nun werden viele Meister, Gruppenleiter, Oberbereichsleiter und Direktoren einwenden: Ich habe keine Zeit. Die Antwort kann nur lauten: Dann schaffe sie dir. Dazu bist du doch Leiter!

Der Tagesablauf

Alle Vorgesetzten können von ihrem Vorgesetzten genau angeben, welches ihre wenigen Vorzüge und ihre vielen Fehler sind. Erstaunlicherweise ziehen nur wenige daraus Folgerungen für ihr eigenes Verhalten. Ganz im Gegenteil, ich habe immer wieder beobachtet, daß Leute, die über die endlosen Sitzungen ihres Chefs schimpften, selbst lange Sitzungen abhielten, sobald sie selbst die Veranstaltung leiteten. Oder, obwohl sie beanstandeten, daß auf den Zusammenkünften zuviel geredet würde, ergriffen sie wiederholt das Wort zu »einigen kurzen Bemerkungen«.

Wenn dir an deinem Chef etwas nicht gefällt, tue bewußt das Gegenteil.

Ich bin sehr oft gefragt worden, wie ich meinen Arbeitstag einteile. Die meisten Fragenden formulierten es so: »Wie teilen Sie Ihren Zeitfonds ein?« Mir scheint die Bezeichnung Fonds schon irreführend zu sein. Der Ausdruck erinnert an einen großen Topf, aus dem man etwas entnimmt, was bei Hilfsfonds oder Reservefonds auch stimmt. Zeit, um es immer zu wiederholen, hat im Zusammenhang mit dem Thema dieses Buches nur dann einen Sinn, wenn wir immer daran denken, daß sie (die Zeit) unter einem Bruchstrich steht. Und über dem Bruchstrich muß »Arbeit« stehen.

Also, wie teile ich meinen Tagesablauf ein?

– Nach dem Frühstück um 6.20 Uhr einen Fußmarsch von 20 Minuten zum Institut.

- 6.40 Uhr beim Kaderleiter (Kader entscheiden alles!) oder bei dem Hauptbuchhalter hineingeschaut und gefragt, ob etwas Besonderes (!) vorliegt.
- 6.50 Uhr bis etwa 7.30 Uhr diktiert, was ich mir am Abend vorher überlegt hatte (der Arbeitstag beginnt genaugenommen am Arbeitsschluß des vorhergehenden Tages).
- bis 8.30 Uhr an Forschungsproblemen gearbeitet.
- 30 Minuten durch einige Arbeitsgruppen gelaufen und gefragt , was sie machen.
- 9.00 Uhr zweites Frühstück plus »ND«
- 9.15 Uhr Besuche empfangen (nach Plan der Sekretärin, nie selbst Termine machen)
- 10.30 Uhr Post durchgesehen (Sekretariat hat alle Post vorher durchgelesen und das wenige aussortiert, das Chefsache ist)
- 10.45 Uhr wichtige Post beantwortet
- 11.15 Uhr – 30 Minuten durch das Institut gegangen;
  usw.

Irgendwann kommt dann der Einwand: »Ich werde von den Tagesereignissen so zugedeckt, daß ich nicht zu einem geregelten Arbeitsablauf komme.«

Meine Antwort ist dann die Gegenfrage: »Sind Sie wirklich um 6.45 Uhr schon von Tagesereignissen überrollt?«

Meistens gelingt sehr schnell der Nachweis, daß »die Tagesereignisse« erst um 9.00 Uhr einsetzen.

Am einfachsten schafft ein Leiter sich freie Zeit, wenn er vor seinen Mitarbeitern zum Dienst kommt.
Wenn du zu einem Mitarbeiter gehst, kannst du die Dauer des Gespräches viel besser bestimmen, als wenn er in dein Zimmer kommt. Und außerdem siehst du den Betrieb.
Mache keine Arbeit, die ein anderer besser und billiger machen kann.
Der Mensch ist ein Gewohnheitstier. Auch deine Mitarbeiter gewöhnen sich an deine Zeiteinteilung – vorausgesetzt, du befolgst sie.
Keine Einteilung ohne Ausnahme.

Großen Wert habe ich immer darauf gelegt, daß meine Mitarbeiter und ich pünktlich das Institut verlassen. Anfangs gab es Widerstände, als ich diese Regelung einführte.

»In Ruhe arbeiten« (kannst du morgens), »ich bin Nachtarbeiter« (was willst du dann 9 Stunden im Betrieb?), »ich habe einen eiligen Termin« (seit wann kennst du diesen Termin?).

Es gibt nur wenige echte Gründe, die für ein Längerarbeiten anerkannt werden (Dauer eines Versuches, Stromkontingent). Es gibt hingegen einen echten und stichhaltigen Grund, pünktlich Schluß zu machen: Niemand kann länger als 8 Stunden auf geistigem Gebiet etwas leisten (aber natürlich kann man länger arbeiten!). Ausnahmen sind nur kurze Zeit möglich.

Wer sagt, er wolle ab 16 oder 17 Uhr mit der Arbeit richtig anfangen, hat von 6 bis 16 Uhr wenig oder nichts geleistet.

Selbstverständlich werden bei einem produktiven Menschen die Probleme im Kopf weiterlaufen. Auch kann abends um 22 Uhr ein guter Einfall kommen. Es ist auch nicht verboten (sondern erwünscht), daß Fachliteratur mit nach Hause genommen wird (die Bibliothek muß aber Buch führen, wie lange die Zeitschrift ausgeliehen wurde).

Jedenfalls, als sich die Gemüter über den pünktlichen Schluß der Arbeit beruhigt hatten, waren alle zufrieden, einschließlich der Ehepartner und des Sicherheitsinspektors.

Sicher, die Einteilung der Arbeitszeit wird nach eigenem Charakter, dem Temperament der Vorgesetzten und der Art des Betriebes verschieden sein.

Als ich in der Industrie tätig war, verlief der Tag anders als in der Entwicklung. Wichtig ist nur, daß der Tag eingeteilt wird, daß man sich selbst an die Einteilung hält und daß man bereit ist, die Einteilung auch gegen äußere Störungen zu verteidigen.

Die vergessenen Kleinigkeiten

Im Punkt 5 des Angebotes werden die zu lösenden Probleme mit Termin (das sagte ich bereits) eingetragen. Bei größeren Projekten ist es zweckmäßig, auf die Netzplantechnik zurückzugreifen und die Aufgaben des Punktes 5 als Netzplanteil des Gesamtnetzplanes darzustellen. Die Erfahrung zeigt, daß wichtige Probleme sehr selten vergessen werden. Dafür werden um so öfter die Kleinigkeiten nicht beachtet, die später den Ärger verursachen.

In Halle wird die Trinkmilch in vielen Verkaufsstellen in Beuteln aus Plastfolie verkauft. Die Idee ist erst einmal gut, denn der Verpackungsaufwand ist sehr gering.

Die Beutel werden in der Molkerei zugeschweißt. Das funktioniert ohne Schwierigkeiten, solange der Bereich der Schweißnaht sauber ist. Aber eben das ist beim Einfüllen der Milch oft nicht der Fall. Es kommt schnell ein winziges Tröpfchen an die Schweißstelle. Schon versagt dort der Schweißvorgang (Kleinigkeit 1).

Was im Labor funktioniert, entspricht noch lange nicht den Anforderungen im Betrieb.

Die Beutel werden in Aluminium-Containern zur Verkaufsstelle gebracht. Sie liegen etwa einen Meter gestapelt im Container. Den Druck des Eigengewichtes ertragen die Beutel. Wenn aber der LKW-Transport durch ein Schlagloch führt, steigt die Belastung stark an, und alle Beutel, deren Schweißnaht nur so geraten ist, daß sie »gerade noch hält«, platzen (Kleinigkeit 2).

Menschliche Knochen tragen einige hundert Kilogramm – aber ein kurzer Schlag zerbricht sie. Warum soll das bei anderen Werkstoffen anders sein?
Überlege, ob du alle Belastungsfälle erfaßt hast.

Wenn nun, wie in jedem Jahr, überraschend ein Kälteeinbruch kommt, leitet der Aluminium-Container die Kälte sehr schnell in die Milch (Kleinigkeit 3). Der Beutelinhalt gefriert. Die Eiskristalle beschädigen die Folie. Durch die niedrige Temperatur ist die Folie spröde (Kleinigkeit 4).

Man sieht an diesem Beispiel schnell, was bei der Einführung der Beutelverpackung alles übersehen wurde. Die Folgen sind Milchseen, in denen die heilen Verpackungen liegen, unzufriedene Käufer und Verluste (die wir alle bezahlen müssen!).

Auch wenn der Verursacher eines Schadens erst einmal bezahlt, am Ende mußt du alles begleichen.
Darum bist du an jeder schlechten Entwicklung finanziell beteiligt, selbst wenn du glaubst, daß sie dich nichts angeht.

Mitunter können lächerliche Kleinigkeiten katastrophale Folgen haben. Den US-Amerikanern ging ein Atom-U-Boot verloren, weil die Konstrukteure übersahen, daß die Dauerfestigkeit einer Rohrleitung aus austenitischem Stahl sehr stark absinkt, wenn zeitweilig Salzwasser hindurchfließt.

Ich mußte einmal den Brand einer Azetylen-Abfüllstation mit untersuchen. Azetylen ist ja ein hochexplosives Gas. Für den Notfall wird in den Abfüllstationen ein Schnellverschlußventil eingebaut, das den ganzen Betrieb sofort stillegt. Natürlich muß das Ventil so montiert werden, daß es beim Normalbetrieb nicht versehentlich betätigt wird. In dieser Station hatte man daher das Ventil sehr hoch angebracht.

Als man den Brand bemerkte, eilte ein Arbeiter zu dem Ventil, um es zu schließen. Aber entweder lag das Ventil zu hoch, oder der Mann war zu klein (eine echte Kleinigkeit). Er konnte das Ventil nicht sofort bedienen, und die Anlage flog in die Luft.

Was Menschen bedienen sollen, muß für Menschen gebaut sein.

Es lohnt sich, bei wichtigen Forschungen eine Kleinigkeitssuche zu veranstalten. Eine der Möglichkeiten wäre eine Ideenkonferenz. Eine andere ein Szenarium, wo eine Situation durchgespielt wird, wobei man sich so dumm wie möglich anstellt.

Das Pflichtenheft

Im Herbst gibt es staatliche Termine zur Abgabe der Pflichtenhefte und der sonstigen Unterlagen, die zur Bewilligung von Forschungsthemen notwendig sind. Günstiger erscheint es mir, den ganzen Papierkrieg innerhalb der Forschungsstelle vor der Urlaubszeit abzuwickeln.

Es gibt kein staatliches Verbot, eine Sache vor dem letzten Termin zu erledigen.

Die Beteiligten fahren dann unbelastet in den Urlaub. Die Leiter wissen, daß alle Unterlagen da sind. Man hat Zeit, notfalls noch Korrekturen vorzunehmen. Wenn im September im Betrieb der Kampf um die letzten Prozente zur Planerfüllung

Pflichtenheft

Plan 19 **WISSENSCHAFT UND TECHNIK**

1 Bearbeiter: Plan-Nr.:
Kurzthema:
Beginn: L.-Stufe: Ende: L.-Stufe:
Kontr.-Stufe im Planjahr:

2 Merkmale des anzustrebenden Ergebnisses:
2.1 technische

2.2 ökonomische

3 Bedingungen der Themenbearbeitung:
3.1 beteiligte Kader (Namen)

3.2 sonstige Voraussetzungen

4 Operationsplan und Jahresarbeitsprogramm:

4.1 Auflistung der Teilaufgaben

4.2 Hauptfristenplan

5. Kooperationspartner:

5.1 im ZIS

Adresse	Leistungsumfang	Bestätigung d. d. Koop.-Partner
5.2 außerhalb des ZIS		
		X

6 Vorgesehene Nutzung der Ergebnisse:
Termin der Einführung in die Prod./Praxis (Q/Jahr):

7 Erfinderische Lösung angestrebt: ja O nein O

bestätigt:

Bearbeiter Abt.-Leiter Forschungsdirektor

Ag 307 84 8643 3000 IV/10/4

Z I S
Halle

F O R S C H U N G S P L A N U N G 19..

Kurzbezeichnung des Forschungsauftrages:

Verantwortlicher Auftragsbearbeiter: Nummer des Forschungsauftr.

x) Gesamtthemenbetrag: (TM) , davon 19.. TM 19.. TM Laufzeit:

D i r e k t b e t e i l i g u n g Mitarbeiter Name Vorname	Arbeitsgruppe		Stundenanzahl	Stundensatz	Mark gesamt	Bemerkungen Änderungen
Globalstund.: Metallografisches Labor						
Chemielabor						
Feinmechanische Entwicklungswerkstatt						
Fotolabor						
Polygrafisches Labor						
Festigkeitslabor						
Werkstofftechnik						
Zerstörungsfreie Werkstoffprüfung						
Schweißmaschinen und Steuerungen						
Geräte und Anlagenkonstruktionen						
Gesamtstunden und -betrag aus Stundensätzen						

x) Diese Spalte unbedingt mit Gesamtthemenbetrag und Aufteilung nach Jahren ausfüllen

	Mark
Vergebene Unteraufträge (lt. Vertrag)	
Vergebene Fremdleistungen (lt. Bestellung)	
Zusammenstellung der Gesamtkosten des Forschungsauftrages	
1. Summe der Stundensätze (Seite 1)	
2. Materialkosten	
3. Unteraufträge und Fremdleistungen	
4. Themengebundene Arbeitsmittel	
5. Reisekosten	
6. Gewinn	
Gesamtkosten des Forschungsauftrages	

Verbleib der themengebundenen Arbeitsmittel nach Abschluß des Forschungsauftrages:

- Übernahme in die betrieblichen Grundmittel (Investitionen)
- Verkauf an Vertragspartner
- Verbrauch innerhalb des Forschungsauftrages (Vermerk über den Verbrauch des Arbeitsmittels nach Abschluß)
- Übernahme in das Anschlußthema als themengebundenes Arbeitsmittel

23/54 PG 119/04/84/49/300

beginnt, ist man von der Planung für nächstes Jahr unbelastet.

Das Pflichtenheft ist im ZIS praktisch die überarbeitete Wiedergabe des Planangebotes. Der Bearbeiter und die Leitung hatten von April bis Ende Juni Zeit, sich alles nochmals zu überlegen. Der Vordruck des Pflichtenheftes bedarf hier keiner weiteren Erklärung.

Dazu gehört ein Blatt mit der Finanzplanung. Mir scheint es so einfach zu sein, daß ich es nicht erkläre.

Natürlich wird man bei großen Vorhaben mit einem Blatt nicht auskommen, aber das ändert nichts an der Methode.

Kontrolle ist gut

Die beste und sicherste Kontrolle über den Stand der laufenden Arbeiten, einerlei, ob es sich um Forschung, Konstruktion oder Produktion handelt, ist der tägliche Rundgang, verbunden mit einem kurzen Gespräch.

Natürlich kann ein Kombinatsdirektor seine Betriebe nur selten besuchen. Bei einem Werkdirektor sieht es schon anders aus. Zwar kann er einen Großbetrieb nicht täglich im Sturmschritt durcheilen. Er kann sich aber Tag für Tag in einem anderen Werkteil sehen lassen. Ich sage mit Absicht: sehen lassen. Denn auch er ist nicht in der Lage, mit jedem Arbeiter zu sprechen. Doch es liegt in der menschlichen Natur, daß man seinen Chef sehen möchte und im Prinzip die Möglichkeit haben will, mit ihm zu reden.

Irgendwann ist eine betriebliche Einheit dann so klein, daß der Verantwortliche dafür mit seinen Mitarbeitern reden kann (und muß), wenn vielleicht auch nicht gerade täglich. Aber in dieser Einschränkung liegt bereits wieder die Gefahr einer Ausrede für diejenigen, die lieber hinter dem sicheren Schreibtisch sitzen.

Ich denke, daß die Grenze des persönlichen Gesprächs etwa bei 500 Mitarbeitern liegt. Darum habe ich mich immer gegen eine Vergrößerung des ZIS über diese Anzahl hinaus gewehrt, obwohl sie mir oft angeboten wurde.

Ein 90-Minuten-Rundgang gab mir täglich (es sei denn, ich war nicht in Halle) Gelegenheit, mit etwa zehn Mitarbeitern gründlich zu reden und auf die übrigen einen forschenden Blick zu werfen. Unter gründlich verstehe ich 5 Minuten!

Frage so, daß die Antwort kurz sein kann.

»Was machen Sie im Augenblick?» oder
»Womit verdienen Sie im Augenblick Ihr Geld?«
waren die Standardfragen.

Meine Geduld reicht aus, um mir eine Antwort von ein bis zwei Minuten anzuhören. Nur selten haben Kollegen länger gesprochen. Aus dem Gedächtnis holte ich während des Gespräches hervor, was nach Plan oder nach der letzten Auskunft vor zwei Wochen gemacht werden mußte.

Die zweite Frage lautete meistens: »Zeigen Sie einmal.«

Damit waren das Experiment, die Zeichnung, eine Meßkurve usw. gemeint.

Nach der Antwort muß immer (!) das Vorzeigen kommen.

Nur wenn ich als Fachmann interessiert war, weil das Problem mein eigenes Forschungsthema berührte, fragte ich in der Regel mehr.

Ein anderer Fragenkomplex ergab sich, wenn es sich um Forschung für die Industrie handelte.

»Für wen ist das?

Was wollen Sie einführen?

Wieviel Geld bekommen wir dafür?«

Alle diese Fragen waren weder tiefschürfend, noch behandelten sie das Problem allseitig (wie es immer so schön heißt). Aber sie gaben genau soviel Auskunft, wie ich als Direktor benötigte, um eine Übersicht über 80 Themen aus dem Staatsplan und 80 Themen aus der Industrie zu behalten.

Daß die Abteilungsleiter des Institutes tiefer in die Materie eindrangen, versteht sich von selbst.

Frage nur soviel, wie du wissen mußt.

Trotz der guten Übersicht, bei der nur sehr selten Fehlbeurteilungen auftraten, geht es nicht ohne schriftliche Kontrolle.

Alle Quartale muß jeder (einschließlich des Direktors) eine Pendelkarte ausfüllen. Wie man an der abgedruckten Karte sieht, gehören noch einige Anlagen dazu, z. B. die Aufführung der angeführten Technologie. Das ist aber, falls der Bearbeiter ordentlich Buch über seine Tätigkeit führt, keine große Arbeit.

Der Wert der Pendelkarte beruht vor allem darin, daß jeder sich selbst ein Zeugnis über seine Leistungen ausstellt. Ich habe oft gedacht: »Donnerwetter, so viel hast du in diesem Quartal geleistet. Das hast du ja gar nicht gemerkt.«

Und einige Male dachte ich: »Da hast du nicht aufgepaßt und zu wenig getan.«

Bei der Beurteilung der Pendelkarte durch einen Vorgesetzten muß natürlich der gesunde Menschenverstand walten. Ein Laborant im Chemielabor wird wohl selten viele Patente anmelden. Oder ein Wissenschaftler, der stottert, wird nur wenige Vorträge halten. Man soll »Durchschnittsnoten« vermeiden und dafür Höchstleistungen auf Gebie-

Pendelkarte

Arbeitsgruppe: ____________

Abteilung: ____________

Rechenschaftslegung über geleistete Forschungsarbeiten 198____

	I. Quartal	II. Quartal	III. Quartal	IV. Quartal
1. Wieviel F/E-Ergebnisse wurden in die Praxis eingeführt?				
2. Wieviel Beratungen wurden durchgeführt?				
3. Wieviel Betriebseinsätze wurden durchgeführt?				
4. Wieviel neue Technologien wurden erarbeitet? (Als Anlage einzeln aufführen mit Angabe des Betriebes)				
5. Wieviel neue Berechnungs- und Gestaltungsunterlagen wurden erarbeitet? (Als Anlage einzeln aufführen mit Angabe des Betriebes)				
6. Popularisierung der F/E-Ergebnisse				
6.1 Veröffentlichungen				
6.2. Vorträge				
6.3 Patentanmeldungen				
6.4 Funk, Fernsehen, Tagungen, Presse usw.				
7. Wie groß ist der ökonomische Nutzen (TM), der erzielt wurde, aufgeschlüsselt in				
7.1. Forschungsergebnisse				
7.2. Betriebseinsätze				
7.3 Beratungen				
8. Die im Planjahr zu bearbeitenden Grundlagen-, Vertragsforschungs- und SK-Themen				
8.1 laufen planmäßig				
8.2 laufen nicht planmäßig (kurze Begründung)				

Für die Einzelthemen ist eine kurze schriftliche Mitteilung über die durchgeführten Arbeiten auf beiliegendem Vordruck vorzunehmen.

Abgabetermine: 20. 3. / 20. 6. / 20. 9. / 20. 11. im Wiss.-Techn. Büro

IV/10/42 Ag 307-81 8643 1000

ten fordern, die sich aus der Tätigkeit des einzelnen ergeben.

Einzelne Spitzenleistungen sind besser als guter Durchschnitt.

Im Büro des Forschungsdirektors werden die Zahlen der einzelnen Pendelkarten zusammengezählt. Für den Leiter sind die addierten Werte ein wertvoller Hinweis, ob und in welcher Richtung die Leistungen des gesamten Betriebes sich verändert haben.

In einem Quartal kann viel passieren – Gutes und weniger Gutes. Aber es passiert nicht so viel, daß man es nicht kurz berichten könnte.

Motive und Motivation

Die deutsche Sprache ist bekanntlich kompliziert. Ich weiß nicht, wen ich mehr bewundern soll: die deutschen Professoren, die um 1910 das Deutsche zur Weltsprache der Wissenschaftler machten, oder die Ausländer, die die komplizierte Sprache lernten und ihre Aufsätze auf deutsch veröffentlichten.

Leider stand unser politischer Intelligenzquotient nicht auf der gleichen Höhe wie unser wissenschaftlicher. Daher muß, wer zu einem internationalen Fachkreis sprechen will, heute die englische Sprache beherrschen.

Fremdsprachen sind für ein kleines Volk lebensnotwendig.

Englisch hat neben seiner Verbreitung (es ist fast so verbreitet wie Chinesisch) noch den Vorteil der Einfachheit und Kürze. Und wo es kein kurzes Wort gibt, wird ein einprägsames Kürzel geschaffen, z. B. CAD/CAM.

Solange wir Fremdwörter in unsere Sprache übernehmen, die Gegenstände oder Tatsachen klar beschreiben, gibt es für mich keine Bedenken. Mißtrauisch werde ich überall dort, wo Fremdwörter benutzt werden, um einen genauen Ausdruck zu vermeiden – zur Zeit benutzt jeder, der etwas auf sich hält, den Ausdruck relevant. Jeder, der ihn hört, weiß ungefähr, was gemeint ist, aber eben nur ungefähr.

Sei mißtrauisch bei Fremdwörtern.

Motivation wird meistens mit Leistungsbereitschaft gleichgesetzt. Mitunter nimmt man auch an, daß die Leistungsbereitschaft nur ein Teil der Motivation ist, und zählt den Willen oder auch die Fähigkeiten dazu.

Es wäre nun sicher falsch, das Wort Motivation nicht mehr zu benutzen. Es ist verhältnismäßig kurz, und es beinhaltet offensichtlich mehr als nur einen deutschen Begriff. Um die Mißverständnisse bei Fremdwörtern (wenn sie sich nicht vermeiden lassen) kommt man am besten herum, wenn man sagt: Ich will darunter das folgende verstehen. Und gleichzeitig zuläßt, daß unser Gesprächspartner (oder Leser) etwas Abweichendes darunter versteht.

Unter Motivation verstehe ich in diesem Buch den Willen, mehr zu leisten, als verlangt *wird.*
Unter Motiven verstehe ich in diesem Buch die einzelnen Umstände, die bei mir oder anderen einwirken und unseren Leistungswillen verstärken.

Wie man sieht, gibt es zu beiden Festlegungen auch eine negative Formulierung. Es ist durchaus eine Motivation denkbar, nichts zu leisten. Aber darüber braucht man an sich nicht zu schreiben, diese Motivation ergibt sich leider oft von selbst. Trotzdem werde ich in einigen Abschnitten auch einmal auf negative Motive als warnende Beispiele eingehen.

Der Durchschnittsmensch (also wir alle) ist träge, faul, risikoscheu und fürchtet sich vor neuen Ideen.

Der Durchschnittsmensch (also wir alle) ist leistungswillig, fleißig, risikobereit bis zum Leichtsinn, aber bei neuen Ideen ist es ihm doch am liebsten, wenn ein anderer sie ausprobiert.

Wahrscheinlich lassen sich noch weitere ähnlich widerspruchsvolle Sätze über uns sagen, die alle richtig und gleichzeitig falsch sind. Im Menschen stecken alle Möglichkeiten. Sie werden meistens durch die Umwelt und sehr selten durch den eigenen Willen erschlossen.

Etwas Brauchbares steckt in allen Menschen. Man muß es nur finden.

Hinzu kommt, daß wir bei der Beurteilung, welche unserer Möglichkeiten gut oder schlecht ist, wieder vom Urteil des Beurteilers abhängen.

Der Nobelpreisträger und Verhaltensforscher Konrad Lorenz schrieb in einem seiner früheren Bücher: Kein junger Mann brauche sich zu schämen, wenn er beim Anhören von Marschmusik ein Prickeln in der Rückenhaut fühle. Dieses Gefühl habe der junge Mann gemeinsam mit dem Menschenaffen. Es sei also angeboren.

Als alter Mann schrieb Konrad über das gleiche Thema: Zwar sei das Prickeln im Rücken angeboren, denn auch bei den Menschenaffen sträuben sich die Rückenhaare, wenn der Oberaffe durch Trommeln auf der Brust »Musik« mache. Aber gerade weil dieses Verhalten angeboren sei, solle man sich überlegen, zu welchem Zweck die Marschmusik gespielt würde.

Ich finde, dieses ist ein lehrreiches Beispiel über Motive, Motivation und Zweck.

Prüfe immer, wer dich wofür motivieren will.

Natürlich sind in einer sozialistischen Wirtschaft manche Motive ganz anders als in einer kapitalistischen. Die Motive Not, Entlassung, Furcht vor Arbeitslosigkeit (also lauter negative Motive) entfallen. Dafür sind positive Motive entstanden wie: mein Betrieb (ein Motiv, das viel zu wenig benutzt wird) oder Beschluß des Parteitages. Daneben gibt es aber viele Motive, die in der ganzen Welt gleich sind.

Das Beispiel

Ohne Beispiel ist es schwer, jemanden zu irgend etwas zu motivieren. Aber das Beispiel allein genügt nicht.

Die meisten von uns haben in einer Gemäldesammlung schon einmal einen Blick auf Schlachtenbilder geworfen. Man merkt schnell, daß eigentlich alle diese Bilder nach dem gleichen Muster aufgebaut sind. Irgendwo an optisch günstiger Stelle steht ein Mann. Seine Beinstellung zeigt an, daß er sich eilends in Richtung auf den bösen Feind bewegt. Mit einem Säbel (oder moderner: mit einer Maschinenpistole) unterstützt er die Bewegung in diese Richtung. Sein Gesicht hingegen ist nach rückwärts gerichtet, und der Maler versucht, uns klar zu machen, daß der Hauptheld des

Bildes die Massen anfeuert, seinem Beispiel zu folgen: Rein zeichnerisch gesehen, tun sie es auch.

Bei näherer Betrachtung solcher Bilder kommen aber praktische und theoretische Zweifel.

Welchen Sinn soll es haben, einen Säbel oder eine Maschinenpistole zu schwingen, wenn der Feind für den Säbel noch zu weit entfernt ist und man mit einer Schußwaffe überhaupt nicht herumfuchteln sollte? Hat der General, oder was sonst sein Dienstgrad auch immer ist, seinen Unteroffizieren vorher nicht genau mitgeteilt, in welcher Richtung das Angriffsziel ist? Wieviel Meter dringt eine menschliche Stimme im Gefecht, wenn überall geschossen wird?

Das »Beispiel« auf vielen Schlachtenbildern hält der Kritik nicht stand.

Aber einige Lehren lassen sich doch daraus ziehen:

Wer herumfuchtelt und schreit, ist meistens unsicher, ob man ihm folgt.
Wer sich umsieht, ob man ihm folgt, zeigt, daß er daran zweifelt.

Nun wollen die Leser dieses Buches weder eine Schlacht leiten, noch auch nur daran teilnehmen. Doch wer von uns ein guter Leiter sein will, muß die Gewißheit haben, daß seine Anordnungen befolgt wurden. Wenn er fragen muß, ob seine Weisungen erledigt wurden, fehlt ihm eine wesentliche Voraussetzung für den Erfolg.

Das bedeutet nicht, daß man die Ausführung einer Anweisung nicht kontrolliert.

Hier kommt es (wie so oft) auf die Form an.
Das Ziel muß sein: Jede Weisung wird befolgt, weil sie gegeben wurde, nicht weil sie kontrolliert wird.

Frage nicht, ob eine Weisung erledigt ist. Ein »Ja« ist ohne Beweiskraft.
Mache nie einen Hehl daraus, daß du alle Weisungen nachprüfst.
Wer nur prüft, kommt nicht vorwärts.
Gib Vertrauensbeweise als Form des Lobes und der Auszeichnung.

Nun muß jeder gute Leiter auch beispielgebend sein. Im Abschnitt »Kontrolle ist gut« zeigte ich schon, wie das Beispiel in Zahlen (auf der Pendelkarte) dargestellt wird.

Zeige deine Beispielhaftigkeit möglichst in Zahlen.

Das hat eine mehrfache Wirkung. Ein Chef, der selbst ein oder zwei eigene Patente jährlich anmelden will, steht unter einem starken Leistungszwang. Er muß und will die Leistung bringen – also bringt er sie. Der Wunsch, ein Vorbild zu sein oder besser zu sein als die anderen, ist ein sehr starkes Motiv.

Du willst mehr leisten als andere.
Du kannst, was du willst.

Aber für die unmittelbaren Mitarbeiter ist es ein antreibender Zustand, wenn ihr Vorgesetzter fachlich etwas leistet. Das Ehrgefühl der meisten läßt es nicht zu, dann nicht selbst die Leistungen zu steigern.

Eigene Leistung erzeugt Leistung um uns herum.

Daher hat ein erfolgreicher Mann auch immer viele erfolgreiche Mitarbeiter um sich. Dabei sind alle eigentlich nicht tüchtiger als die Leute in anderen Kollektiven. Aber weil *einer* ein Beispiel gab, riß er die anderen mit.

Nun brauche ich nicht mehr zu erklären, was ich unter Autorität verstehe. Der Vollständigkeit halber muß ich aber sagen, daß ich auch umgekehrte Fälle kenne. Dort drückt ein außerordentlich guter Fachmann und Vorgesetzter seine Umgebung einfach zu Boden. Dafür gibt es nur eine Lösung: möglichst schnell kündigen.

Autorität schließt auch Kollegialität ein.

Können und wollen

Ich esse gerne Salami. Vor einiger Zeit erstand ich eine Wurst, die nicht meinen Ansprüchen (und ihrem Preis) genügte. Da das Produkt aus einem Betrieb in Halle stammte, rief ich den Leiter an und beschwerte mich.

Er ging sofort in Abwehrstellung: »Unsere Salami wird genau nach TGL hergestellt. Alle Zutaten werden auf das Gramm genau gewogen.«

»Ich beklage mich doch nicht, daß Sie die TGL nicht eingehalten haben. Als Kunde kenne ich doch gar nicht ihren Inhalt. Ich beschwere mich, weil bei der einen Wurst die Pelle nicht abging und bei einer anderen kaum Fleisch, sondern nur Fett in der Wurst war.«

Das Gespräch ging eine Weile hin und her. Schließlich meinte ich: »Wenn Sie Ihre Salami essen, ist sie dann immer in Ordnung?«

Darauf der Fleischer: »Ich esse keine Salami!«

»Warum nicht?« fragte ich verdutzt.

»Ich habe meine dritten Zähne. Daher esse ich nur weiche Wurst.«

Im Verlauf der Jahre habe ich eine ganze Anzahl von Fällen beobachtet, in denen verantwortliche Leiter ihr eigenes Erzeugnis nicht benutzten oder aus irgendwelchen Gründen unfähig waren, es zu beurteilen:

- Leitende Funktionäre aus der Bekleidungsindustrie, die schlecht sitzende Anzüge trugen,
- Mitarbeiter einer Entwicklungsstelle für Schuhe, die alle in Sandalen herumliefen,
- einen Betriebskoch, der so stark rauchte und trank, daß er den Salzgehalt der Suppe nicht abschmecken konnte,
- würdige, rundliche Muttis in Verkaufsstellen für Damenunterwäsche, die jeden männlichen Käufer, der etwas Hübsches kaufen möchte, wie einen Sexualverbrecher behandeln.

Die Liste ist leicht zu vervollständigen.

Andererseits decke ich jedes Jahr meinen Bedarf an Schuhen in der HO einer Kleinstadt am Haff. Dort will (!) die Verkaufsstellenleiterin offensichtlich auch die Kunden befriedigen, die auf großem Fuß leben und trotzdem noch einigermaßen gut aussehendes Schuhwerk tragen möchten.

Mängel im Können oder Wollen fallen uns im Dienstleistungsgewerbe mehr auf als in der Forschung oder Produktion. Oder besser gesagt: Sie fallen uns sofort auf, weil wir unmittelbar betroffen sind.

Fest steht, daß man zu jeder Tätigkeit ein bestimmtes Maß an Können besitzen muß, um Autorität auszustrahlen und um Leistungen zu erzielen.

Die verschiedenen Berufe lassen sich in zwei Gruppen einteilen.

Die erste Gruppe ist die, für welche man eine bestimmte Ausbildung benötigt, also Schlosser, Ärzte usw.

Für die zweite Gruppe benötigt man nur irgendeine (!) Ausbildung, die durchaus nicht spezifisch für diese Tätigkeit zu sein braucht. Dazu gehören leider viele leitende Funktionen.

Das bedeutet, daß wir für den Bereich, für den wir verantwortlich sind, uns Qualifikationsmerkmale ausdenken müssen, um die geeigneten Menschen für leitende Tätigkeiten herauszusuchen.

Die Floskel in den Beurteilungen, »er (oder sie) bemühte sich, die Anforderungen zu erfüllen«, ist kein ausreichender Grund zur Beförderung. Wer sich bemüht, ist am Ende seiner Leistungsfähigkeit.

Daher halte ich es für wichtig, zahlenmäßige Leistungsmaßstäbe zur Grundlage von Beurteilungen und zur Vorbedingung zu machen, um als

Meister, Abteilungsleiter oder Direktor eingesetzt zu werden.

Ein sehr guter Unteroffizier wird nicht unbedingt ein guter General!

Erfolge positiv messen

Ich nahm an einer Diskussion über die Zustände in einer Kaufhalle teil. Der Verkaufsstellenleiter gab eine Übersicht über sein Problem und schloß: »Daß die Kunden zufrieden sind, sehen wir auch daran, daß seit mehreren Jahren niemand mit einer Beschwerde in unsere wöchentliche Sprechstunde gekommen ist.«

In einer Ergänzung zu dieser Übersicht bestätigte der Vorsitzende eines Kontrollgremiums: »Auch die letzte Eintragung im Kundenbuch ist mehrere Jahre alt, und es ist ein Lob.«

Nachdem die anwesenden Hausfrauen den ersten Schock über diese positive Erfolgsbilanz überwunden hatten, hagelte es Kritik.

Keine Kritik bedeutet noch nicht, daß du gut bist.

Der Kaufhallenleiter hatte (in ziemlicher Selbstüberschätzung) angenommen, die unzufriedenen Kunden würden ihre Freizeit benutzen, um in seine Sprechstunde zu kommen. Dazu hat natürlich niemand Lust. Die enttäuschten Käufer waren einfach zur nächsten Kaufhalle gefahren.

Einfacher und meßbar wäre es, an der Tür des

Ladens zwei Blöcke mit roten und grünen Zetteln hinzulegen, wobei der grüne die Aufschrift trägt: Ich habe alles, was ich einkaufen wollte, erhalten. Der rote Zettel könnte die Aufschrift tragen: Es fehlte heute: ...

Im ZIS haben wir bei mehreren Gelegenheiten unseren Besuchern oder Lehrgangsteilnehmern solche Zettel vorgelegt. Als wir zum Beispiel wissen wollten, wie den etwa 100 Studenten, die jährlich im Institut praktizieren, das Arbeitsklima gefällt, konnten sie ohne Namensangabe (aber wer wollte, konnte ihn auch angeben) drei Fragen beantworten:

1. Was hat Ihnen im ZIS am wenigsten gefallen?
2. Was hat Ihnen im ZIS am besten gefallen?
3. Was würden Sie als erstes anordnen, wenn sie Institutsdirektor wären?

Die Frage 3 ist die Kontrollfrage zu Frage 1.

Mündlich wurden die Studenten gebeten, bei Frage 3 nicht zu schreiben: Erhöhung der Gehälter.

Wenn du Kritik (oder Lob) fördern willst, beachte:
- *dem Kritiker darf (fast) keine zusätzliche Arbeit entstehen,*
- *frage danach, was am besten oder am schlechtesten beurteilt wird,*
- *baue eine Kontrollfrage ein.*

Die Selbsteinschätzung »es gibt keine Beanstandungen« kann schnell trügerisch sein. Bei Produkten kann sie oft nur bedeuten: die Ware funktionierte innerhalb der Reklamationsfrist, also meistens ein Jahr. Um auch diesen Gedanken, der zu einem falschen Erfolgserlebnis führt, klarzumachen, greife ich auf die schon erwähnten Staubsauger zurück.

Bodenstaubsauger besitzen meisten drei Räder, eins vorne, zwei hinten. Bei den hinteren Rädern gibt es konstruktiv zwei Möglichkeiten. Entweder läuft jedes Rad in einer »Gabel«, wodurch die Achse auf beiden Seiten gelagert ist. Die andere Konstruktion verlegt die Räder an die Seiten des Staubsaugers. Ihre Achsen sind daher nur an dem einen Ende gelagert. Nun wird man sofort einsehen, daß die Beanspruchung auf das Lager bei einseitiger Befestigung viel höher ist als bei zweiseitiger Lagerung.

Entscheidend für die Lebensdauer der Radachse ist die Wechselbeanspruchung (der Staubsauger wird hingestellt!). Die einseitige Lagerung besitzt eine Lebensdauer von über einem Jahr, also länger als die Garantiefrist. Aber sie ist mit der schwächste Punkt an einem Staubsauger, und wenn der Betrieb Glück und der Kunde Pech hat, bricht ein Rad 366 Tage nach dem Kauf ab.

Ein Produkt wird nach seinem schlechtesten Teil beurteilt.

Ich hätte statt des Staubsaugerbeispiels auch auf Autos oder sonstige Maschinen zurückgreifen können.

Das Lob eines zufriedenen Kunden motiviert.
Kein Tadel ist noch lange kein Lob.

Es gibt bekanntlich auf dem Weltmarkt bereits Erzeugnisse mit einer Garantie von zwei oder fünf Jahren. Das ist nicht nur ein Verkaufsargument, das erweckt auch den Stolz der Mitarbeiter.

Wer besser ist als andere, will noch besser werden.

Wie man sieht, kommt es am Ende immer wieder auf Zahlen an. Fünf Jahre Garantie erzeugen ein anderes Bewußtsein als ein Jahr Garantie.

Der Mond ist fest

Entscheidungen sollen nach bestem Wissen und Gewissen getroffen werden. Entscheidungen sollen dort getroffen werden, wo man am sachkundigsten ist. Aber was soll man tun, wenn eine Entscheidung getroffen werden muß, ohne daß es eine sachkundige Stelle gibt?

Das Raumfahrtprogramm der UdSSR wurde jahrelang von Sergej Koroljow geleitet. Er muß nach der Beschreibung, die ich von Leuten erhielt, die ihn kannten, ein Mann mit riesigem Wissen und mit einer unausschöpflichen Energie gewesen sein. In Koroljows Konstruktionsbüro wurde auch das Mondfahrzeug Lunochod entwickelt. Bei der Konstruktion spielte es eine große Rolle, ob der Mondboden fest oder weich oder wüstenähnlich sei.

Für alle diese Fälle gab es Theorien, die haarscharf begründeten, warum die Mondoberfläche so

und nicht anders sein müsse. Die Konstrukteure verlangten aber einigermaßen genaue Werte, damit sie den Antrieb von Lunochod entsprechend auslegen konnten. Doch niemand war bisher auf dem Mond gewesen, und niemand konnte daher verbindliche Angaben machen. Da diktierte Koroljow in einem offiziellen Schriftstück: »Die Mondoberfläche ist fest.« Und setzte seine Unterschrift darunter.

Seit dieser Zeit galt die Mondoberfläche als fest. Als Lunochod später Bodenproben entnahm, wurde Koroljows Behauptung bestätigt.

Nur ein Mann mit einer sehr großen Autorität konnte es wagen, für ein riesiges Forschungsobjekt eine so entscheidende Aussage zu machen, die von allen (vielleicht mit heimlichem Kopfschütteln) respektiert wurde. Natürlich wußte Koroljow, daß etwa 500 Millionen Rubel im Mondsand versinken würden, wenn er sich geirrt hatte. Noch etwas ist beachtenswert: Koroljow gab keine Begründung für seine Ansicht an. Hätte er dem Satz von der festen Mondoberfläche das Wörtchen »weil« folgen lassen, so hätte er sich mit den diskutierenden Fachleuten auf eine Stufe gestellt. Koroljow hätte sicher auch die Möglichkeit gehabt, für jede Bodenart ein Mondfahrzeug entwerfen zu lassen. Sicher hätte die Regierung der UdSSR zwei oder drei Fahrzeuge hochschießen lassen. Die Mehrausgaben hätten aber Abstriche an anderen Stellen des Programms bedeutet.

Eine solche »unsachkundige« Entscheidung ohne Begründung von dieser Bedeutung kann sich ein Genie ein- oder zweimal in seinem Leben leisten. Sie setzt voraus, daß vorher Tausende von sehr sachkundigen Entscheidungen einen Kredit an Vertrauen aufgebaut haben.

Im täglichen Leben empfiehlt es sich, nichts zu sagen, was man nicht begründen kann, und nichts zu glauben, was nicht begründet wurde.

Es wird dann noch oft genug der Fall eintreten, daß ein Vorgesetzter zwischen Meinungen abwägen muß und sagt: »Ich entscheide so, weil ...«.

Abwägen ist besser als gefühlsmäßig entscheiden.

Besonders tiefes Mißtrauen ist angebracht, wenn ohne nähere Begründung extrem genaue Zahlenangaben gemacht werden.

Unsere modernen Taschenrechner täuschen immer wieder eine Genauigkeit in Rechenergebnissen vor, die in den Ausgangswerten nicht gegeben ist. Wenn irgendwo 1957,5 Stunden eingespart werden sollen oder für eine Investition 102567 M benötigt werden, glaube ich kein Wort.

Wer zu genau ist, lügt meistens.
Wer ungenau ist, hat die Sache meistens nicht durchdacht.

Durch die Überlegung, wie weit Genauigkeit angebracht ist, bin ich wieder auf die Computer gestoßen. Sie sollen, nach Meinung vieler Leute, Entscheidungen erleichtern oder gar fällen.

Das ist natürlich möglich. Aber immer nur so weit, wie vorher der Programmierer den Fall durchdacht hat.

Nun wird viel über die Computer der vierten oder fünften Generation geschrieben, die lernen können oder Entscheidungen fällen können.

Zuerst muß man sich einigen, was man unter Lernen verstehen will. Sobald ich sage: »Lernen heißt aus Erfahrungen besser werden«, ist es einfach, für bestimmte Fälle (die sich leicht eindeutig beschreiben lassen) einen lernenden Computer zu entwickeln. Als Beispiel dient meistens das Spiel Tic-tac-toe. Das ist eine Art Damespiel auf einem Minibrett (3 × 3 Felder) mit jeweils drei Steinen auf jeder Seite. Der Computer antwortet auf den ersten »menschlichen Zug« mit einem beliebigen, der entweder richtig oder falsch sein kann. Sein Programm ist so aufgebaut, daß er alle Züge, nach denen er verlor, aus seinem Speicher streicht. Da es bei diesem Spiel ganz bestimmter Züge bedarf, um zu gewinnen, bleiben nach 20 Spielen nur noch die Gewinnzüge im Speicher.

Die EDV-Anlage hat »gelernt« (nach Definition).

Bei Entscheidungen arbeitet der Rechner mit

Sensoren zusammen (im einfachsten Fall einem Thermometer). Er »entscheidet«, um wieviel der Gashahn aufgestellt werden soll, um eine bestimmte Temperatur zu halten. Im Gespräch und auf Ausstellungen sind auch Rechner, die Bilder erkennen.

Im Prinzip speichert man 25 verschiedene Nasen, 30 verschiedene Stirnformen usw. Der Computer vergleicht nun die wirkliche Nase mit den gespeicherten und setzt dieses Verfahren (riesig schnell) für alle sonstigen Erkennungsmerkmale fort. Wenn 80 Prozent der Merkmale übereinstimmen, druckt die Anlage aus: Das ist Meyer.

Aber das Problem von Sergej Koroljow kann der Computer nicht lösen. Ihm fehlt die menschliche Autorität. Und vor allem: Wenn der Programmierer die Eigenschaften von Koroljow besäße, wäre er nicht Programmierer geworden, sondern Leiter eines großen Vorhabens.

Dieser Punkt wird leicht vergessen!

Fürsorge

Leiter, die längere Zeit im Dienst sind, bekommen oft so etwas wie väterliche Gefühle für ihre Mitarbeiter. Sie wollen ihnen Gutes tun und tun es auch, das heißt, sie machen das, was sie für gut halten. Das braucht durchaus nicht mit den Ansichten der Belegschaft übereinzustimmen. Die Folgen sind dann oft Mißstimmungen auf beiden Seiten.

Was für dich gut ist, kann für deine Kollegen höchst unbefriedigend sein.

Ich hatte Verbindungen zu zwei landwirtschaftlichen Produktionsgenossenschaften und hatte Einblick in ihre Probleme. Beide kämpften gegen die Überalterung ihrer Mitglieder. Beide wollten und mußten junge Leute im Dorf behalten und weitere junge Leute aus der Stadt ins Dorf holen. Beide scheiterten, weil sie den jungen Leuten keine Wohnung bieten konnten. Daher begannen beide LPGs Wohnungen zu bauen.

Die eine Genossenschaft begann mit der Errichtung eines Wohnblocks mit 24 WE (wie »liebevoll« das klingt!). Bei den Erdarbeiten und bei der Montage der Platten halfen die LPG-Mitglieder, und sehr schnell stand der Rohbau auf der Wiese. Man hatte den Bau am Rande des Dorfes hingestellt.

Aber dann ging es nicht mehr zügig weiter. Die Handwerker für den Innenausbau wurden anderswo eingesetzt. Zwei Jahre lang stand die Investruine am Dorfeingang. Die Leute, die eine Wohnung hatten, spotteten. Die jungen Ehepaare, die in den Wohnblock einziehen wollten, schimpften und zogen in andere Gegenden.

Als schließlich die 24 WE bezugsfertig waren, stellten die neuen Mieter diesen und jenen Mangel fest. Sie waren (mit Recht) unzufrieden. Das alles wirkte sich auf die Stimmung in der LPG aus. Der Vorstand hat immer noch Sorge, wo er junge Fachkräfte herbekommt.

In der anderen LPG beschloß man, jährlich einige Einfamilienhäuser zu bauen. Das ist zwar teurer als die Errichtung von WE, aber die LPG-Mitglieder meinten, Einfamilienhäuser entsprächen mehr dem Charakter des Dorfes und seiner Menschen. Die Häuser wurden an Stellen errichtet, die zwischen den alten Bauten lagen. Die neuen Wohnungen gehörten daher mit zum Dorf.

Natürlich gab es beim Bau die üblichen Schwierigkeiten mit Handwerkern und Material. Doch bei einigen Häusern im Jahr lassen sich solche Probleme verhältnismäßig leicht mit Hilfe der LPG-Baubrigade beheben.

Zeige neuen Mitarbeitern, daß sie dazugehören!

Auch stand von vornherein fest, wer einmal in das Haus einziehen würde. Die zukünftigen Bewohner halfen daher immer wieder mit.

Sprich das persönliche Interesse an.
Eine Sache, die mit erarbeitet wurde, wird viel höher geschätzt, als wenn nur Geld im Spiele ist.

Sie waren auch bereit, in die Häuser einzuziehen und kleine Restarbeiten anschließend selbst zu machen.

Es konnten zwar nicht alle Wohnungsbedürfnisse mit einem Male befriedigt werden, doch jeder sah die Baugruben für die Häuser, die im nächsten Jahr fertig werden würden.

Es ist klar, daß dieser LPG viele junge Menschen beitraten. Nicht nur wegen der Häuser, sondern auch, weil der Vorstand in anderen Dingen ebenfalls an die Interessen seiner Mitglieder dachte. Sozialdenken heißt nicht einfach Bedürfnisse befriedigen. Der gute Vorgesetzte muß herausfinden, welche die wirklichen Bedürfnisse seiner Kollegen sind. Das sind durchaus nicht immer die Dinge, die gefordert werden. Oft ist es so, daß eine kleine Gruppe irgend etwas verlangt. Sie fordert es lautstark, und die Mehrheit nickt mit dem Kopf, weil ihr die Sache einerlei ist.

Zustimmung ist oft Gleichgültigkeit.

Wenn dann schließlich Geld und Material eingesetzt wurden, stellt sich heraus, daß die Anlage kaum genutzt wird. Jeder kennt solche Fälle: Sauna-Anlagen, in denen nur ein Bruchteil der Belegschaft schwitzt (»nach der Arbeit habe ich keine Zeit«), Sportplätze (»sollen wir sie etwa auch noch in Ordnung halten?«), Theateranrechte (»wir gehen zur nächsten Vorstellung«). Die Liste kann jeder fortsetzen.

Mir scheint, die meisten Menschen haben (wie ich) eine innere Abneigung, sich etwas schenken zu lassen, selbst wenn man sich im ersten Augenblick freut. Wert hat auf die Dauer nur, wofür ich etwas geleistet habe. Der schlagende Beweis sind Schrebergärten, Einfamilienhäuser, Sportvereine, in denen man nur nach Arbeitsleistung aufgenommen wird. Ob das Gartengrundstück dem Laubenpieper gehört oder nur gepachtet ist, spielt keine Rolle. Wichtig ist, daß er seine Laube und seinen Salat pflegen kann.

Mitunter ist es auch nützlich, wenn ein Leiter bei seinen Kollegen neue Bedürfnisse weckt. Ich segle mit Begeisterung in den Boddengewässern und auf der Ostsee. Als ich zum ZIS kam, galt Segeln als eine extravagante Sportart, die für Halle ungeeignet sei. Ich nahm dann einige Mitarbeiter mit auf mein Boot, und sie waren begeistert. Heute besteht die Instituts-Flotte aus 16 Segel- und Motorbooten, die auf den Binnenseen und der Ostsee kreuzen, und die BSG hat etwa 100 Mitglieder.

Ich sagte schon, daß für hallesche Verhältnisse anfangs dieser Sport ungewöhnlich war. Und so erschienen eines Tages zwei Revisoren bei mir und forderten Rechenschaft über die ausgegebenen Gelder.

Das Resultat der Untersuchung war:
- alle Mitarbeiter erhielten einen Ferienplatz (!)
- eine Bootskoje kostet 5000 bis 10000 Mark, ein Bett in einem Heim 50000 bis 100000 Mark.
- die Segler beanspruchten keine Heimplätze.

Mein Hauptargument war: ein hochbezahlter Wissenschaftler ist bereit, sonntags ein Boot zu streichen, wenn er zu einer Mannschaft gehört. Aber kein Mitarbeiter ist freiwillig bereit, in einem Ferienheim die Wände zu tapezieren.

Nutze das persönliche Interesse.
Verschenke nichts ohne zwingenden Grund!
Wecke das Verständnis für »meinen Betrieb«, auch in der sozialen Betreuung.

Du mußt – du darfst

In meinem Buch »Wege zum Erfolg« erzählte ich, daß im ZIS bei Tagungen pünktlich die Türen geschlossen wurden. Wer zu spät kam, mußte warten, bis zwischen zwei Vorträgen eine Pause eintrat.

Ein Leser schrieb mir über diese Regelung einen Brief. Er schrieb, er sei Berufsschullehrer und habe immer Ärger mit einigen Schülern, die regelmäßig zu spät zum Unterricht erschienen. Nun habe er, nach der Lektüre meines Buches, zum Unterrichtsbeginn die Tür abgeschlossen. Die Zuspätkommer seien hocherfreut abgezogen und an diesem Tag nicht wieder erschienen. Der Lehrer habe aber das Türabsperren eisern durchgehalten. Nach dem dritten Mal kamen seine Schüler alle pünktlich. Und so sei es nun geblieben.

Es ist ein großer Unterschied, ob man muß oder ob man darf.

Jedermann weiß, daß die Fußballspieler einer letzten Dorfmannschaft sonntags 90 Minuten lang körperliche Leistungen vollbringen, die man im Betrieb nicht von ihnen fordern dürfte. Jeder Leiter kennt das Problem der Sportkranken am Montagmorgen. Wenn die Unfallquote im Werk so hoch wäre wie beim Sport, gäbe es einen Riesenkrach. Die blauen Flecken und den Muskelkater nimmt der Sportler auf sich, weil er »darf«.

Bei Spitzensportlern steht das eiserne Muß dahinter. Daher werden solche Sportler in den sozialistischen Ländern besonders gefördert, und in kapitalistischen Ländern bekommen sie hohe Gehälter und Erfolgsprämien.

Nun habe ich nichts gegen Sport, ganz im Gegenteil. Ich will nur klarmachen, welche Reserven im Menschen stecken. Ich habe auch keine Illusionen, daß es je gelingt, den Eifer eines Fußballspielers auf die normale Arbeit zu übertragen. Aber man muß natürlich versuchen, ein oder zwei Prozent dieses Eifers »abzuzweigen« und der Volkswirtschaft nutzbar zu machen. Zu untersuchen ist, was bei einem Spiel für die Leistung so ausschlaggebend ist. Es scheint die geistige Tiefe zu sein, mit der wir uns in eine Sache versenken.

Wer hohe geistige und körperliche Leistungen vollbringt, nimmt nichts oder nur wenig von seiner Umwelt wahr. Er konzentriert sich völlig auf seine Tätigkeit. Die kleinste Ablenkung kann einen Leistungsabfall bewirken. Typisch für solche Versenkungen sind Sportler, die das Geschrei der Zuschauer nur als Geräuschkulisse vernehmen, oder der zerstreute Professor oder Kinder, die, ohne die Umwelt zu beachten, spielen.

Eine Fußballmannschaft, um bei der Sportart zu bleiben, braucht zum Erfolg

- ein Ziel (wir wollen die Ersten in unserer Liga werden),
- einen Trainer (er sagt, was man besser machen kann),
- einen Mannschaftskapitän (er reißt seine Leute mit),
- Spieler auf der Reservebank (sie lösen Spieler ab, die ihre Leistung nicht bringen).

Wer will, kann aus dieser Aufzählung durchaus Schlüsse auf Betriebe und Institute ziehen. Jedoch sind einige Abweichungen zu beachten. Auch bei der erfolgreichen Arbeit braucht man

– ein Ziel
Hier ist der größte Unterschied. Der Fußballverein kann das Ziel haben, der beste aller umliegenden Dörfer zu sein. Ein Betrieb oder ein Institut kann und darf nur ein Ziel haben: der oder das beste der Welt zu sein. (Darüber werde ich noch mehr schreiben.)
– einen Trainer
Solange ich im ZIS Direktor war, habe ich immer wieder Kollegen aus anderen Bereichen herangeholt und habe mich von ihnen über Organisation und Leistungsförderung beraten lassen. Es fanden auch öfters Vorträge vor den Ingenieuren über solche Fragen statt.

Man wird schnell betriebsblind, laß deine Verantwortungsbereiche durch Außenstehende beurteilen.

– einen Mannschaftskapitän
Was ich darunter verstehe, sieht man am besten bei dem Leiter des »Betriebes« Sinfonieorchester, also bei einem Dirigenten. Nur selten werden einem Direktor die Förderung und die Ehrung zuteil wie einem Dirigenten. Es gibt keinen Grund, warum die Wiedergabe der IX. Sinfonie anders beurteilt werden soll als die Leitung eines Werkes, das Strümpfe herstellt. Entweder der Dirigent oder Leiter schafft es, das Publikum zu befriedigen, oder er schafft es nicht.
– Spieler auf der Reservebank
Im Unterschied zum Fußballspiel ist es schwer, einen schlechten Mitarbeiter durch einen guten

Reservekader zu ersetzen. Ich kenne natürlich alle Gründe dafür. Aber ich bezweifle, ob es wirklich sozial ist, daß ein mittelmäßiger Mann einem guten die Stelle blockiert. Faßt man alles zusammen, so besteht die Kunst, erfolgreiche Mitarbeiter oder Fußballspieler zu haben, darin, ihnen auf möglichst vielen Gebieten das Gefühl zu geben: Du darfst – und auf möglichst wenig Gebieten: Du mußt.

Sei stolz auf deinen Betrieb

Fast überall stehen an den Werktoren Tafeln, aus denen zu erkennen ist, daß der Plan mit 100,7 Prozent erfüllt wurde.

Ich betone nochmals, daß dieses Buch nicht von Planerfüllung handelt, sondern von Leistungen, die zu neuen Möglichkeiten führen.

Es ist zu bezweifeln, ob die Mitarbeiter, die morgens an den Tafeln vorbeigehen, wirklich wissen, was 0,7 Prozent Übererfüllung bedeuten.

Das ZIS verleiht jährlich dem besten Schweißbetrieb den »Silbernen Schweißerfunken«. Ich brachte diese Auszeichnung vor einigen Jahren in einen Kesselbaubetrieb. Der Direktor hielt eine kurze Ansprache an seine Schweißer. Er zählte die üblichen Zahlen auf: Produktion, Nettoproduktion, Arbeitsproduktivität usw. Die Schweißer klatschten pflichtgemäß Beifall. Dann meldete sich ein älterer Ingenieur zu Wort. Er kam gerade aus dem Ausland zurück, wo er eine neue Kesselanlage übergeben hatte.

»Von über 40000 Rohranschlüssen hatten wir drei Versager«, sagte er.

Begeisterter Beifall! Alle Schweißer konnten sich unter dieser Angabe etwas vorstellen. Sie hatten ja die Rohranschlüsse selbst geschweißt. Sie wußten, wie schwer es ist, fehlerfrei zu arbeiten. Sie waren stolz, daß »ihre« 40000 Schweißnähte praktisch ohne Ausschuß waren.

Natürlich müssen in einem Rechenschaftsbericht die Zahlen genannt werden, die vom Staat vorgeschrieben sind. Aber es ist nirgends verboten, die Leistungen, die dahinterstecken, für den Fachmann verständlich zu nennen.

0,7 Prozent sagen nichts, 2,3 Millionen Mark sagen wenig, 100000 Ziegelsteine sagen viel, drei Dankschreiben von glücklichen Hausbesitzern machen stolz!

Die meisten Leiter haben sicher schon erlebt, daß eine Delegation hochkarätiger Funktionäre in den Betrieb kommt. Beim Rundgang stellt der »Allerhöchste« eine Frage über die Planerfüllung oder ein ähnliches Thema an einen Betriebsangehörigen. Theoretisch müßte dieser Bescheid wissen.

Aber er ist durch die Frage überrascht und antwortet vorsichtshalber: »Das weiß ich nicht.«

Natürlich spielt diese Antwort bei der Endauswertung eine Rolle. Erstaunlicherweise werden nur selten die Konsequenzen aus solchen Vorkommnissen gezogen. Nur in den allerwenigsten Institutionen gibt es ein System, das automatisch in Betriebszeitungen, Wandzeitungen oder im

Funk für eine Information aller sorgt. Damit ist weniger die Planerfüllung mit 100,7 Prozent gemeint, sondern vielmehr die »Kleinigkeiten«, die die Menschen interessieren.

- Das Kollektiv Müller hat eine neue Winde entwickelt. Drei Patente angemeldet.
- Ingenieur Meyer kam aus Syrien zurück. Unsere Anlage läuft dort ganz ausgezeichnet.
- An die Erfinder Schulze und Müller wurden 30000 Mark Vergütung ausgezahlt. Der Nutzen für unseren Betrieb beträgt 2 Millionen Mark.
- In der Schlosserei wurde ein Verweis ausgesprochen, weil ein Kollege dreimal in diesem Monat zu spät zur Arbeit kam.

Öffentlichkeitsarbeit muß Themen bringen, die interessieren.
Bringe nicht nur Erfolge – sage die Wahrheit!

Im vorigen Abschnitt schrieb ich, ein Betrieb müsse als Ziel haben, der beste der Welt zu sein (im Gegensatz zu einem Fußballverein). Ich meine trotz aller Proteste, die es hier sicher gibt, das ist das einzige lohnende Ziel. Ich kenne auch keinen zwingenden Grund, warum es nicht möglich sein soll.

Nun werden viele Leser sofort Gründe anführen, warum das mit ihrem Betrieb nicht geht. Ich schlage vor, diese Gründe zu vergessen und sich alle Gründe auszudenken, die zu diesem Ziel führen.

Wer etwas leisten will, muß die Welt verändern.

»Es geht nicht« gibt es nur, wenn Naturgesetze dem Willen entgegenstehen. Aber vielleicht lassen sie sich umgehen? Bist du dümmer als die, die mehr leisten?

Vor einhundert Jahren fuhr eine Delegation aus Deutschland zur Weltausstellung nach Chicago. In ihrem Reisebericht schrieben sie: Deutsche Waren gelten überall als schlecht.

Zehn Jahre später war »made in Germany« ein Qualitätsbegriff.

Bis 1960 galten japanische Erzeugnisse als billig, »aber minderwertig und abgeguckt«. Später sagte und schrieb man das über Produkte aus Hongkong oder Singapur.

Alle fingen einmal klein an!

Jeder von uns kennt Marken von Produkten, die er allen anderen vorziehen würde.

Alle diese Waren sind einmal auf dem Reißbrett entworfen worden. Alle mußten das Problem der fehlerfreien Produktion lösen und sich mit den Zulieferern auseinandersetzen. Alle mußten einen Service aufbauen und für ihr Produkt werben. Und alle mußten ihr Erzeugnis laufend verbessern. Wer hindert irgendeinen Betrieb daran, den freundlichsten Service der Welt zu haben? Gibt es ein Verbot, das formschönste Produkt der Welt zu erzeugen? Kein Gesetz steht im Wege, wenn ein Erzeugnis aus der DDR leichter, billiger, haltbarer und durch mehr Patente abgesichert wird als jedes andere.

Wenn du nicht in allen Punkten der Beste sein kannst, fange trotzdem an.

Ich habe in diesem Abschnitt einiges über große Orchester gesagt. Damit meine ich nicht, daß ein Direktor gefeiert werden soll wie ein Stardirigent. Aber ein Dirigent kann in sehr scharfer Form sagen: »Die zweite Geige spielt einen halben Ton zu tief.«

Übrigens stellen Weltorchester nur Solisten ein, die vorher vorspielen und deren Spiel gefällt. Eine sehr schöne Lösung! Dafür können nachher alle mit Stolz sagen: »Ich spiele in dem Orchester des Gewandhauses.«

Vom Nutzen der Bürokratie

Wenn man in einer Versammlung abstimmen würde, ob Bürokratie schlecht sei, würden sofort alle Hände hochgehen, und der Versammlungsleiter könnte feststellen: Einstimmig angenommen! Keine Stimmenthaltung, keine Gegenstimme.

Ich habe auch oft über Bürokratie und Bürokraten geschimpft und mich auch in einem Buch darüber geäußert. Wenn aber alle einer Meinung sind, ist es dringend an der Zeit, die Sache zu überprüfen.

Fangen wir mit dem Sinfonieorchester aus dem vorigen Abschnitt an. Es gibt Musikstücke, in denen der Komponist freie Variationen eines Solisten vorgesehen hat. Doch sie sind selten. Meistens muß ein Stück genau nach Vorschrift (den Noten) gespielt werden. Und dennoch können Fachleute heraushören, welcher Dirigent am Pult steht.

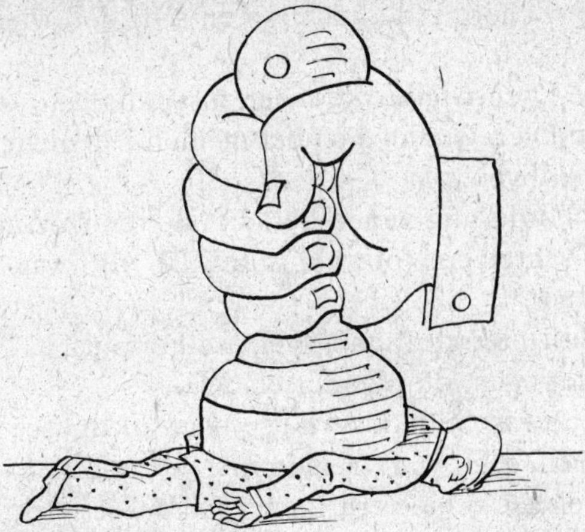

Genauso kann ein guter Fachmann jeder Vorschrift »seine Handschrift« aufzwingen und aus jeder Vorschrift »seine Lösung« herauslesen.

Eine Bürokratie, die wir uns alle wünschen, ist die Einhaltung des Eisenbahnfahrplanes. Im Idealfall fährt der Zug rücksichtslos pünktlich ab, statt auf einen Reisenden zu warten, der »nur« 20 Sekunden zu spät erschien. (»Auf die paar Sekunden wäre es wirklich nicht angekommen«, sagt dieser anschließend.)

Nun wird bestimmt vom Leser eingeworfen, diese Art von Bürokratie hätte er nicht gemeint. Überhaupt verstünde er die Einhaltung des Fahrplanes durchaus nicht als Bürokratie.

Spätestens hier muß man sich wieder einigen, nicht, was Bürokratie ist, sondern, was wir zwei (du und ich!) darunter verstehen wollen.

Möglichkeiten sind:

- eine Behörde, die nicht so entscheidet, wie ich es möchte,
- eine Dienststelle, die nicht zuständig ist,
- eine Dienststelle, die über meinen Fall nicht Bescheid weiß,
- die Forderung, einen Bericht oder einen Antrag zu schreiben (obwohl mir klar ist, was ich will),
- viele Unterschriften auf einem Formular,
- Meldungen, die »keiner braucht«.

Ob etwas bürokratisch ist oder nicht, scheint demnach sehr vom Standpunkt abzuhängen. Im Zweifelsfall nehme ich immer an, daß es sich um Bürokratie zu meinen Ungunsten handelt. Das ist nicht nur mein gutes Recht, es entspricht auch der Erfahrung.

Wehre dich gegen Bürokratie!
Ordnest du vielleicht auch Dinge an, die andere als Bürokratie empfinden?

Hier soll nicht die Auseinandersetzung mit Bürokraten besprochen werden, das habe ich in »Wege zum Erfolg« getan. Hier soll über nutzbringende »Bürokratie« nachgedacht werden.

Die Quartalsberichterstattung (Abschnitt »Kontrolle ist gut«) ist ohne Frage ein höchst bürokratischer Vorgang. Aber jeder Mitarbeiter sieht viermal im Jahr, was er geleistet hat. Das entscheidende ist, daß er nicht beurteilt wird, sondern daß er sich selbst zahlenmäßig beurteilt. Darin liegt die motivierende Wirkung.

Gute Bürokratie ist ein Spiegel für uns selbst!

Alle Fragebogen, auf denen wir uns selbst einschätzen, sind gut. Alle Fragebogen, auf denen wir Informationen geben müssen, die uns nicht fördern, sind bedenklich.

Auf dem Fragebogen für ein schwedisches Visum steht: »Wer bezahlt Ihre Reise?« Zuerst war ich ziemlich empört über das Eindringen in meine Intimsphäre (wie der schöne Ausdruck lautet). Aber dann dachte ich über diese Frage nach. Es ist gut, wenn man sich erinnert, wer eine Sache bezahlt (obwohl natürlich die Schweden aus einem ganz anderen Grund fragen).

Noch mehr trifft das auf die Frage zu: Wieviel Patente (oder sonstige Leistungen) haben Sie gebracht? Wenn mir ein Vorgesetzter sagt, meine Leistungen seien ungenügend, würde ich sofort in die Opposition gehen. Wenn ich es aber selbst feststellen muß, sieht der Fall ganz anders aus.

Regelmäßige Berichte mit Zahlen, die ein Werturteil schaffen, sind keine Bürokratie.

Im Laufe meiner Tätigkeit sind immer wieder Mitarbeiter gekommen und haben sich über zuviel Büroarbeit beklagt. Mitunter hatte ich auch bei mir selbst den Eindruck, daß ich zuviel Papier verarbeitete.

Es gibt in diesem Fall ein sehr einfaches, aber wirksames Rezept: ein oder zwei Monate lang aufschreiben, was man minütlich machte (also noch mehr Schreibarbeit). Das Ergebnis wird wohl immer verblüffend sein. Der Aufwand für Büroarbeit wird bei Ingenieuren wohl immer gering sein im Verhältnis zu der Zeit, wo Kaffee getrunken wird oder wo Sitzungen besucht werden.

In der Regel gehört das Schimpfen über die Bürokratie zum guten Ton, und leider versteckt sich dahinter oft die mangelnde Leistung.

Einstein machte Büroarbeit im Schweizer Patentamt und entwickelte trotzdem die Relativitätstheorie. Wer hindert dich daran, dasselbe zu tun?

Für mich steht fest, daß eine gelinde Bürokratie notwendig ist, daß sie nicht stört (falls sie nicht als Ausrede benutzt wird) und daß sie, richtig angewandt, einen Leistungsdruck ausübt.

Die geheime Bürokratie

Neben der Bürokratie, die mit Verwaltung und Schreibarbeit zu tun hat, gibt es eine besondere Form, die viel weniger beachtet wird, die jedoch auf die Leistungsbereitschaft einen großen negativen Einfluß ausüben kann. Ich denke an die Anmaßung von Leuten aus Ämtern und Dienststellen, in Dinge hineinzureden, für die sie nicht verantwortlich sind.

Der Gang der Ereignisse ist meistens folgendermaßen: Ein Leiter, sei es ein Meister oder ein Minister, fühlt sich von Arbeit überhäuft, die er sich vom Halse schaffen möchte. Er richtet daher vor seinem Amtszimmer ein »Sieb« ein, das die Namen Schichtschreiber, Sekretärin, persönlicher Referent oder Stabsabteilung trägt. Diese Handlung ist erst einmal verständlich und nicht zu beanstanden. Aber nach einiger Zeit übernimmt das Vorzimmer Leitungsentscheidungen. Nicht etwa direkt, dazu ist es nicht berechtigt. Aber sehr wirkungsvoll indirekt.

Es bestimmt weitgehend, für wen der Chef Zeit hat. Es bereitet Briefe vor, die der Chef vertrauensvoll unterschreibt. (»Das stimmt doch, was du hier geschrieben hast?«) Es erteilt telefonische Weisungen oder fällt so Entscheidungen.

Leider sind auch die Mitarbeiter schuld an dieser Machtverschiebung. Sie kommen mit ihren Sorgen zu der Kollegin oder dem Kollegen in das Vorzimmer.

Für manche ist es viel angenehmer, mit dem Referenten zu reden als mit dem Direktor, weil sie das Gefühl haben, notfalls noch zu einer höheren Instanz gehen zu können.

Der Referent (oder der Schichtschreiber oder die Sekretärin) sagt: »Ich glaube nicht, daß der Chef etwas dagegen hat.«

Eine durchaus korrekte Antwort.

Aber unser Mann geht in den Betrieb zurück und erzählt: »Beim Chef sind auch alle dafür.« Und schon laufen Maßnahmen an, die vielleicht gar nicht gewollt werden.

Ich habe viele Dienststellen mit »grauen Eminenzen« kennengelernt. Auf die Dauer fährt kein Vorgesetzter und keine Institution gut mit diesem System. Einfluß ohne Verantwortung führt zu Entscheidungen nach Sympathie und schließlich zur Korruption.

Laß keine grauen Eminenzen in deinem Verantwortungsbereich zu!
Laß dich nicht von Leuten abfertigen, die nicht wirklich entscheidungsberechtigt sind!

Nun können große Betriebe wirklich nicht ohne Stäbe geleitet werden. Aber es muß genau und schriftlich festgelegt sein, was die Stabsgruppe darf und wofür sie verantwortlich (haftbar!) ist. Bevor man aber andere Menschen zwischen sich und seinen Mitarbeitern einsetzt, sollte jeder Leiter prüfen:

– Ist es vielleicht nur Eitelkeit von mir?
– Überlaufen meine Mitarbeiter mich mit ihren Problemen, weil ich sie nicht auf ihre Verantwortlichkeit hinweise?
– Neige ich dazu, zu viel selbst zu entscheiden?
– Wie wirkt sich ein Assistent auf mein Verhältnis zu meinen Kollegen aus?

Im ZIS mußte natürlich sehr viel auf dem Gebiet der Forschung geplant werden. Ich habe mich immer – mit Erfolg – gegen die Einrichtung einer Planungsabteilung gewehrt. Meine Hauptgründe waren: der Planungsmann muß immer den Wissenschaftler fragen, was dieser will, kann und braucht. In der Planungsabteilung werden diese Angaben verdichtet (wie mir ein Planungsfachmann einmal erklärte).

An dieser Stelle ergeben sich für den Planer Möglichkeiten aller Art, Schwerpunkte nach seinem Belieben zu setzen. Verantwortlich für den Ablauf der Forschung sind im Institut aber der Bearbeiter für sein Thema und der Forschungsdirektor für die Gesamtheit der Themen. Daher war es logisch, den Wissenschaftler planen zu lassen und die Einzelwünsche unmittelbar beim Forschungsdirektor zu sammeln und zu bewerten.

Querschnittsabteilungen leben immer von der Bürokratie.
Der direkte Verkehr (mündlich und schriftlich) zwischen Vorgesetzten und Mitarbeitern darf nie über »Siebe« gehen, es sei denn, sie wären verantwortlich.

In der Zeit zwischen den beiden Weltkriegen war der tschechoslowakische Schuhfabrikant Batja berühmt und berüchtigt. Berühmt wegen seiner billigen Schuhe und berüchtigt wegen der Methoden, nach denen er sie herstellen ließ.

Er hatte aber eine Verwaltungsmethode, die nicht schlecht war. In seinem mehrstöckigen Verwaltungsgebäude ließ Batja einen Aufzug als Büroraum einrichten. In dieser Aufzugskabine fuhr er immer in das Stockwerk, wo gerade die Probleme bearbeitet wurden, für die er sich interessierte. Er befolgte damit den Leitungsgrundsatz, daß es zehnmal besser ist, zu den Mitarbeitern zu gehen (und sei es im Aufzug), als sie rufen zu lassen.

Einerlei, wie man sich zu dieser Fahrstuhlmethode stellt, nachdenklich stimmt, daß damals die Aufzüge so gut funktionierten und so betriebssicher waren!

Das Argument mit dem Einfluß, der sich nicht

zu verantworten braucht, habe ich auch benutzt, wenn ich mit Kollegen aus kapitalistischen Staaten über das diskutierte, was dort die freie Presse genannt wird. Die Presse ist natürlich frei, das heißt, sie kann frei die Meinung der Besitzer und der von ihnen angestellten Journalisten wiedergeben. Mit anderen Worten, sie kann sich Rechte anmaßen und Meinungen bilden, für deren Folgen niemand zur Verantwortung gezogen werden kann.

In einer Hamburger Zeitung stand einmal, daß im ZIŞ Agenten ausgebildet würden. Wenn man persönlich einmal mit dieser Form der »Freiheit« zusammenstieß, wird man nachdenklich.

Frage richtig – antworte richtig

Brecht behauptete, es gäbe keine dummen Fragen. Leider läßt sich leicht der Gegenbeweis führen.

»Schlagen Sie Ihre alte Großmutter immer noch?«

Fragen von diesem Typ sind gemein und hinterhältig, weil sie statt einer Antwort eine Erklärung erfordern, daß man keine Großmutter habe usw. Noch schlimmer und viel häufiger sind unbeantwortete Fragen.

»Was hast du dir eigentlich dabei gedacht?«

Schulterzucken. Und dann kommt die Strafpredigt.

Stelle an Mitarbeiter keine »gemeinen« Fragen.

Nun ist richtig zu fragen eine Kunst. Leider wird nirgends gelehrt, wie man eine einfache Frage formuliert. Meistens kommen als Einleitung lange Erklärungen, statt kurz und bündig zu sagen: »Ich bitte darum, mir folgendes zu erklären.«

Frage kurz und ohne Einleitung.
Frage so, daß der andere genau weiß, was du wissen willst.

Und nun folgt die nächste Schwierigkeit im Verkehr der Menschen untereinander. Der, der antworten soll, hat auch nicht gelernt, wie man eine gute Antwort formuliert. Eine gute Antwort ist kurz und trifft den Kern der Frage. Eine sehr gute Antwort eröffnet die Möglichkeit einer weiteren Frage.

In einer Tageszeitung fand ich folgende Leserzuschrift:

»Wir sollen für unser Büro einen Personalcomputer vom Typ PC 1715 erhalten. Wie funktioniert das Gerät, was kann man damit tun?«

Zwei Computerfachleute der Zeitung (so stand da) antworteten:

»Der Personalcomputer PC 1715 vom VEB Robotron-Büromaschinenwerk Sömmerda ist ein universell anwendbarer Mikrorechner. Als flexibles Auftischgerät ist es an jedem Büroarbeitsplatz einsetzbar. Durch die Vielzahl der produzierten PC 1715 ist es möglich, von herkömmlicher Stapelverarbeitung (Abgabe der Eingabedaten und Abholung der Ergebnisse im Organisations- und Rechenzentrum ohne Einwirkung auf den starren Rechenprozeß vom Nutzer) bei relativ einfachen Berechnungen zur anwenderfreundlichen dialogorientierten Arbeit ›am eigenen Schreibtisch‹ überzugehen. Es kann für jeden Einsatzfall die notwendige Gerätekonfiguration zusammengestellt werden.«

Ende des ersten Absatzes. Es lohnt sich, nochmals nachzulesen, was gefragt war. Daß der Produktionsort Sömmerda ist? Oder ob der PC 1715 ein flexibles Auftischgerät (eine herrliche Begriffsbildung) ist? Kein Wort der »Antwort« bezieht sich auf die Frage.

Der nächste Absatz der Antwort befaßt sich mit dem Lieferprogramm von Sömmerda. Es sei dahingestellt, ob der Frager weiß, was ein Diskettenlaufwerk, das er kaufen kann, wirklich ist. Im dritten Absatz der Antwort erscheint nochmals der Satz: »Durch die Nutzung dieser Software ergeben sich vielfältige Einsatzgebiete des PC 1715.«

Wer hätte das gedacht?

Im letzten Absatz (alle Absätze sind schön lang) stehen einige Anwendungsmöglichkeiten, u. a. Bestimmung der Fruchtfolge in der Landwirtschaft, Auswertung von Materialuntersuchung, Unterstützung von Bauingenieuren.

Wie hatte der Leser gefragt? »Für unser Büro.«

Nun ist es natürlich einfacher, eine solche Antwort »auseinanderzunehmen«, als eine bessere zu schreiben. Ich habe das so ausführlich gemacht, weil es ein typisches Beispiel ist, wie man Menschen um jede Motivation bringt, etwas Neues zu beginnen.

Ich hätte so geantwortet:

»Wie ein Personalcomputer funktioniert, brauchen Sie zum Glück nicht zu wissen. Ihr Fernseher arbeitet ja auch, ohne daß Sie genau sagen können, wie das Bild entsteht. Die Hauptsache ist, Sie drücken den richtigen Knopf. Ihr neuer Computer besitzt eine Tastatur, ähnlich einer Schreibmaschine. Zu ihrer Bedienung gibt es eine Anzahl von ›Befehlen‹. Die lernen Sie aus einer Beschreibung oder besser in einem Lehrgang.

Ihr Computer kann im Prinzip alle Aufgaben in Ihrem Büro lösen, die sich beschreiben lassen. Eine Rechnung aufzustellen, läßt sich beschreiben. Ärger oder Liebe lassen sich nicht genau beschreiben. Für die Nutzung Ihres Computers haben Fachleute Programme aufgestellt, die sogenannte Software (sprich: Softwär). Durch diese Programme ›versteht‹ Ihr Computer, wenn Sie ihm einen ›Befehl‹ geben. Denken Sie immer: In der ganzen Welt arbeiten Millionen Menschen mit Computern, also kann es nicht allzuschwer sein.«

Ich glaube nicht, daß meine Antwort ideal ist. Sie besitzt aber einige Vorteile:

- die Antwort ist kurz,
- sie bringt nur ein Fremdwort, erklärt gleich seine Bedeutung und gibt (was sehr wichtig ist) seine Aussprache an,
- die Antwort spricht immer von »Ihrem Computer«, eine sehr wichtige Formulierung,
- sie macht Mut.

Antworte immer genau, was gefragt wurde.
Wenn die Antwort zu lang ausfallen würde, beschränke

dich auf den wichtigsten Punkt.
Arbeite mit Beispielen.
Rede den Frager direkt an.
Vermeide Fachausdrücke, oder erkläre sie.
Bei ausländischen Wörtern gib die Aussprache mit an.

Öffentlichkeitsarbeit

Es spricht gegen das Betriebsklima des Werkes, aus dem die Frage über die Funktion und den Zweck des Computers kam. Wahrscheinlich war es so, daß in früheren Jahren einige Ingenieure und Ökonomen mit Neid von den Japanern und Amerikanern sprachen, »die haben ganz tolle Computer zur Verfügung. Und mein Onkel Gerhard in Bremen hat sich auch einen Personalcomputer gekauft. Was der alles damit kann!«

Nun kam der Beschluß, einige zehntausend Computer in die Betriebe zu geben. Schön wäre es gewesen, wenn unser Schwärmer für Onkel Gerhards Computer nun gesagt hätte, was dieser in Bremen alles damit macht (ich kenne tatsächlich diesen Fall). Aber nein – nun beginnt unser Mann zu schimpfen auf »die da oben, die einfach anordnen«. Und überhaupt gäbe es, nach seiner Meinung, in diesem Betrieb überhaupt keine Anwendungsmöglichkeiten für einen Bürocomputer. Die Gründe, die er und andere angeben, sind sehr abwechslungsreich. Der Betrieb ist zu klein. Der Betrieb ist zu unübersichtlich. Der Betrieb hat viel zu viele Baustellen, als daß ein Computer sie übersehen könnte. Wir haben das bisher auch immer so geschafft.

Wer nicht will, hat immer eine gute Ausrede.

Alle diese Bemerkungen sind original, aber von verschiedenen Leuten. Wenn dieses Buch im Handel erscheint, werden sicher die meisten Werke mit Bürocomputern und CAD/CAM-Plätzen arbeiten. Es ist aber sehr nützlich, sich solche Ausreden in Erinnerung zu rufen – für das nächste Mal.

Da es nur wenige gute Ausreden gibt, wiederholen sie sich! Besonders »logisch« fand ich die Ausführungen eines Direktors, der einen Baubetrieb leitet (darf man wirklich leitet sagen?). »Auf den Baustellen fehlen mir drei Planierraupen, und nun soll ich drei Bürocomputer einsetzen?«

Diese kleine Auswahl negativer Beispiele gehört in das Gebiet der Öffentlichkeitsarbeit. Wenn man sich die Sache genau überlegt, merkt man, daß in vielen Bereichen eine »sehr gute« Öffentlichkeitsarbeit gegen den Fortschritt (nicht nur gegen Personalcomputer) betrieben wird. Hingegen ist die Propaganda für den Fortschritt meistens unsystematisch und leider oft auch ungeschickt. Der Zeitungsartikel aus dem vorhergehenden Abschnitt ist ein typisches Beispiel.

Negative Propaganda entsteht aus der Trägheit der Menschen. Positive Propaganda muß erarbeitet werden.

Im ZIS werden jedes Jahr Ingenieure bestimmt, die

jeder eins der folgenden Gebiete bearbeiten müssen (natürlich ohne Abstriche an ihrer Forschung!):

- Schweißtechnische Fachzeitschrift
- Fachzeitschriften der Randgebiete
- ADN und Stadtpresse
- Rundfunk und Fernsehen
- Besichtigung des Institutes

Am Jahresende müssen die Mitarbeiter abrechnen, was sie leisteten.

Betriebsbesichtigungen sind seitens der Sicherheitsinspektoren, Geheimnisschützer und Leiter von unaufgeräumten Betrieben nicht beliebt.

In Japan sagte mir ein Vizepräsident von Hitachi: »Wer nichts vorzeigen will, hat auch nichts zum Vorzeigen.« Ein wahres Wort!

In den japanischen Betrieben, die unfallgefährdet waren, hatte die Direktion Laufstege über den Produktionshallen einbauen lassen, über die Schüler, Frauenvereine und neugierige Fachleute strömten. Natürlich zeigen die Japaner auch nicht alles. Doch in einem Betrieb oder auch in einem Forschungsinstitut sind höchstens 5 Prozent geheimniswürdig.

Jährlich besichtigen das ZIS über 1000 Fachleute und 100 bis 200 Jugendliche. Stolz war ich immer auf Dankschreiben von Schulklassen, in denen anklang, das ZIS sei der einzige Betrieb gewesen, wo man sie zuvorkommend empfangen hätte.

Der Schüler von heute ist dein Kunde von morgen!

In Fernseh- und Rundfunksendungen kommt ein Betrieb vorzugsweise, wenn er technisch etwas zu bieten hat und es sprachlich und bildlich gut »verkauft«.

Ich hatte manche Auseinandersetzung mit Kameraleuten, die zum x-ten Male eine Schalttafel oder einen EDV-Platz filmen wollten. Damit treibt man einen intelligenten Fernsehzuschauer zum Abschaltknopf. Film lebt von der Bewegung!

Prüfe, was sich bewegt, und das lasse filmen!

Mit den Rundfunk-Reportern diskutierten wir über eindrucksvolle Formulierungen. »Hier stehen wir vor …« oder »Wie stehen Sie zu den Beschlüssen« usw. wirken einschläfernd.

Die Erfahrung zeigt, daß es am einfachsten und besten ist, wie bei Forschungsanträgen mit der volkswirtschaftlichen Aufgabenstellung zu beginnen. »Ein 10000-Tonnen-Frachtschiff hat 150 Kilometer Schweißnaht, daher …« oder »In der Welt werden jährlich einige Millionen Schweißnähte an Öl- und Gasrohren ausgeführt. Ich habe dabei …«

Beginne immer mit Zahlen, aus denen hervorgeht, warum du etwas machst.
Auch Journalisten werden betriebsblind und arbeiten mit Standardfragen.

Was für den Rundfunk gilt, trifft auch auf Pressemeldungen zu. Am schlimmsten, weil unwirksam, sind Meldungen über Absichtserklärungen.

»Zwischen dem Institut und dem VEB wurde ein Vertrag abgeschlossen. Danach soll in Zukunft« usw.

Der intelligente Leser merkt sofort, bisher wurde also nichts getan.

Schließlich sind die Fachzeitschriften der Randgebiete eine Möglichkeit, die eigene Arbeit wirksam werden zu lassen. Mit meinem Kollegen W. Brenner hatte ich für den Rohrleitungsbau eine Masse entwickelt, die die Weiterleitung der Wärme verhindern sollte.

Unser »Beauftragter für die Randgebiete« brachte uns auf den Einfall, einen entsprechenden Artikel in der Zeitschrift für Klempner und Installateure zu veröffentlichen. Das Echo war sehr groß, denn die Klempner mit ihren kleinen Rohren brauchten die Masse viel nötiger als die Schweißer an Ölleitungen.

Vergiß die Randgebiete nicht.

Wichtig ist auch, daß von dem Beauftragten beobachtet wird, ob die Mitarbeiter (vor allem die, die noch wenig Erfahrung haben) in den richtigen Fachzeitschriften veröffentlichen.

Um 1965 besuchte ich zum ersten Mal Akademgorodok, die Wissenschaftsstadt nahe Nowosibirsk in Sibirien.

Die dortigen Kollegen zeigten uns ihre Forschungsergebnisse auf dem Gebiet der Explosionsschweißung. Wir stellten fest, daß sie führend in der Welt waren. Besonders beeindruckten uns die Ergebnisse für die Raumfahrt und das Plattieren großer Kesselbleche. Das sagten wir den sowjetischen Forschern auch.

Bei der Abschlußbesprechung, die mit den Spitzen der Akademie stattfand, drehte ein jüngeres Akademiemitglied nun unser Lob um. Er beschuldigte die Forscher aller kapitalistischen Staaten und uns aus der DDR, daß wir überheblich seien und die Ergebnisse aus Akademgorodok bisher mißachtet hätten.

Nun wollten wir zwar die USA oder ähnliche Länder nicht in Schutz nehmen, aber wir hatten ein sehr reines Gewissen, denn in keiner der uns bekannten Zeitschriften hatten wir bisher einen Fachaufsatz aus Sibirien gelesen. In die etwas peinliche Stille, die auf die Ausführungen des sowjetischen Kollegen folgte, sagte ich das und bat um eine Zeitschrift mit dem Abdruck der Arbeiten. Man legte uns ein kleines Heft im Format A 4 vor, das den Titel »Hydrodynamische Nachrichten« (oder so ähnlich) trug. Die Forscher waren eine Gruppe aus dem Institut für Hydrodynamik.

Nun konnten wir erklären, daß dieses Heftchen kaum westlich des Urals bekannt sei, und vor allem, daß Schweißfachleute in aller Welt (einschließlich der in der UdSSR) wohl kaum auf den Gedanken kämen, eine Arbeit über Explosionsschweißung für die Raumfahrt oder Explosionsschweißen im Kesselbau in einem solchen Heft zu suchen.

Nach der Beendigung des Abschlußgespräches, das weiter sehr freundlich verlief, mußte unser sowjetischer Kollege noch »einen Augenblick« bei seinem Chef bleiben. Inzwischen werden die wert-

vollen Forschungsergebnisse aus Akademgorodok in Zeitschriften veröffentlicht, die allgemein gelesen werden.

Die wertvollste wissenschaftliche Arbeit bleibt unbekannt, wenn du sie in der falschen Zeitschrift veröffentlichst. Chinesisch ist die verbreitetste Nationalsprache in der Welt, aber sie wird eigentlich nur in China verstanden. Wenn dein Institut (oder Betrieb) zu einem bestimmten Industriezweig gehört, kann deine Arbeit trotzdem für einen anderen Bereich wertvoll sein.

Und eine Lehre für unsere sowjetischen Kollegen und für viele andere, die glauben, in Gegenwart ihres Vorgesetzten einmal »richtig auspacken« zu müssen:

Zähle langsam bis 7, ehe du andere beschuldigst. Im Zweifelsfall zähle bis 13.

Top secret

Ohne Frage gibt es Staaten und Konzerne, die versuchen, in der DDR Wirtschaftsspionage zu betreiben. Selbstverständlich müssen wir uns gemeinsam mit unseren Sicherheitsorganen dagegen wehren. Kein Wissenschaftler hat ein Interesse daran, daß seine Leistung, für die er mehrere Jahre gearbeitet hat, gestohlen und irgendwo außerhalb der DDR ohne Lizenznahme genutzt wird. Das ist die eine Seite des Problems.

In unserer Welt gibt es einige Millionen Forscher auf den verschiedensten Gebieten. Sie müssen sich mit ihren Ergebnissen ergänzen, weil nicht jedes Land, besonders nicht die kleinen Länder, alles selbst machen kann. Ein wichtiges Mittel in diesem Austausch ist die Literatur. Doch bis eine Arbeit gedruckt wird, verstreichen Monate oder gar ein Jahr. Das ist beim heutigen Tempo ein unwiederbringlicher Zeitverlust für den, der auf diese Arbeit angewiesen ist. Daher sind der gegenseitige Besuch von Fachleuten und die Diskussion über die Ländergrenzen hinweg lebensnotwendig für unsere Wirtschaft.

Nun gibt es eine ganz einfache Regel, an die sich jeder ohne jede Belehrung von selbst hält: Gibst du mir – geb' ich dir. Wer nur fragt, erhält immer weniger Antworten.

Strebe nach internationaler Anerkennung – du erhältst dadurch viele Informationen.

Ein Forscher hat also ein Interesse, daß seine Ergebnisse gegen fremde Ergebnisse ausgetauscht werden, daß aber seine Ergebnisse im Ausland nicht eher genutzt werden als im eigenen Land.

Überlege dir genau, welches Wissen du gegen neues Wissen eintauschen kannst.

Ich habe mich über diesen Punkt immer mit den Genossen, die für die Sicherheit des Institutes verantwortlich waren, abgestimmt. Wir sind uns eigentlich immer einig geworden, wie die Interessen unseres Staates am besten gewahrt blieben.

Der beste Geheimnisschutz auf dem Gebiet der Technischen Wissenschaften ist die Anmeldung einer Idee als Patent.

Nun hat sich die Einstellung zu Patentanmeldungen in den letzten Jahren ja deutlich gewandelt. Zweifel gibt es bei manchen Ingenieuren, ab wann die Erfindung anzumelden sei. Nach meiner Meinung gibt es darauf nur eine Antwort: am nächsten Tag.

Nun ist ja zwischen Idee und Erteilung ein weiter Weg. Desto wichtiger ist es, sofort mit der Formulierung zu beginnen. Dabei wird sich herausstellen, was zum vollständigen Anspruch noch fehlt und daher schnellstens nachgeholt werden muß.

Melde Erfindungen sofort an, wenn du eine Idee hast. Die Anmeldung schützt deine geistige Leistung vor Diebstahl.

Ich schrieb bereits über die Pendelkarte, auf der quartalsweise nach der Anzahl der Patentanmeldungen gefragt wurde. Diese Rechenschaft ist ein starker Zwang.

Nun wird mancher fragen, ob ein solcher Zwang richtig ist. Kann man Erfindungen durch »Befehl« erzwingen? Kaum! Aber darum dreht es sich doch gar nicht. Der Zwang soll bewirken, daß Ideen (deren Vorhandensein unterstellt wird) aufgeschrieben werden.

Wie wirksam ein kleiner Streß wirkt, merkte ich immer im Dezember. Am ersten Montag im Dezember gab ich den Ingenieuren bekannt, wer die meisten Erfindungen im laufenden Jahr machte und wer den größten Nutzen durch erteilte Patente erzielte. Anschließend bat ich einige »Nichtanmelder« zu erklären, warum ihnen nichts eingefallen sei.

Die Antwort war stets: »Ich habe eine (oder zwei) Anmeldung(en) fertig. Ich gebe sie heute noch ab.« Es war immer ein Kampf mit der Trägheit, nie ein Ideenmangel. Rechtzeitiges Anmelden hat noch einen anderen volkswirtschaftlichen Vorteil.

Eines unserer Hauptprobleme ist bekanntlich die lange Überführungszeit von Forschungen in die Praxis. In vielen Fällen entstehen diese Zeiten so: Ein Ergebnis ist im Dezember 1985 abgeschlossen. Der Anwenderbetrieb hat zu diesem Zeitpunkt alle Pläne für 1986 fertig. Er kann frühestens im Sommer 1986 für 1987 planen. Aber da es sich bei der Einführung um ein kompliziertes Objekt handelt, möchten alle noch etwas überlegen. Also wird erst 1987 die Einführung für 1988 geplant.

Noch schlimmer wird der Fall, wenn ein »geschickter« Direktor dann einem Kollektiv die Einführung überträgt, dieses schnelle Arbeit leistet und Ende 1988 alle Leute (die nicht genau im Bilde sind) sich freuen, daß ein neues Objekt »vorfristig« in Betrieb genommen wurde.

Die Planungsunterlagen für die Forschung sehen zwar vor, daß ein Nutzer von Anfang an beteiligt wird. Aber gerade bei technologischen Lösungen gibt es oft viele Nutzer. Daher muß der Forscher so früh wie möglich und möglichst vielen Leuten erzählen (Radio, Zeitung, Fachzeitschrift), was er macht und wem die Lösung nutzt.

Informiere möglichst viele potentielle Nutzer, sobald die Patente angemeldet sind.

Der beste Geheimnisschutz ist Schnelligkeit auf allen Gebieten. Das muß ein Grundsatz sein.

Wer am schnellsten ein neues Produkt auf den Markt bringt, verkauft auch.

Wenn Mitarbeiter von mir erklärten, ihre Forschung müsse vertraulich oder geheimgehalten werden, habe ich als erstes geprüft, ob wirkliche Leistungen vorhanden waren.

Wer nicht öffentlich Rechenschaft ablegt, ist immer der »Beste«.

Faßt man die Gedanken dieses Abschnittes zusammen und legt sie als Maßstab an die Forschung der meisten Betriebe und Institute, dann bleibt nicht allzuviel übrig, was wirklich schutzbedürftig ist. Aber solche Ergebnisse müssen dann auch mit allen Konsequenzen abgeschirmt werden.

Lob und Tadel

In allen Büchern über Kindererziehung, über Menschenbehandlung oder über Tierdressur steht, daß Lob und Tadel wichtig sind, wobei das Lob überwiegen soll. Es wird beanstandet, wenn der Tadel überwiegt.

Jeder Schüler und jeder im Leben stehende Mensch weiß, wie sehr trotz aller guten Ratschläge der Tadel an erster Stelle steht. Und wenn wir einen erfolgreichen Leiter fragen, wie er seine Lobe verteilt, muß er bestimmt erst nachdenken, wann dieser Fall zum letzten Male eintrat.

So einfach, wie es in den Büchern der Psychologen steht, ist der Fall gar nicht. Wenn ein Schüler in einem Fach die Note 2 erhält, so empfindet er das als Tadel, falls er für einen Studienplatz den Durchschnitt 1,6 benötigt. Hatte er vorher die Note 3, wird er nun die 2 als Lob empfinden. Lob und Tadel sind also relativ und – wie in diesem Fall – oft gar nicht von dem Willen des Vorgesetzten (Lehrers) abhängig. Der Lehrer lebt in dem Bewußtsein, eine gerechte Zensur gegeben zu haben.

Wenn ein Neuerer einem Betrieb vorschlägt,

eine Technologie zu ändern, so empfinden alle Ingenieure des Betriebes (bewußt oder unbewußt) diesen Vorschlag als Tadel. In dem Vorschlag steckt der Vorwurf: Darauf hättet ihr schon längst kommen können – auch wenn der Vorschlagende weit davon entfernt ist, diesen Gedanken zu hegen.

Bedenke die psychologische Wirkung von Änderungsvorschlägen.

Viele Anordnungen eines Chefs werden als Tadel empfunden, weil der Betroffene darin einen Vorwurf erblickt. Nur wenige Leiter und Forscher ziehen aus dieser Überlegung die Folgerung, ihre Sprache der Empfindlichkeit ihrer Mitmenschen anzupassen.

– Sie müssen das ändern. – Ich denke, wir sollten es ändern. (Auch wenn »ich« als Bestandteil des »wir« wenig mit der Sache zu tun habe.)
– Du hast gesagt. – Wir wollten eigentlich.
– Ihre Technologie ist veraltet. – Mir scheint, Ihre Technologie könnte von uns noch verbessert werden.

Verwende selten »Du-Sätze«.
Je unangenehmer eine Änderung, desto mehr betone das Wir.

Die Bedeutung des Wörtchens »bitte« aus dem Munde eines Vorgesetzten sei hier nur am Rande erwähnt. Gerade weil manche es so selten benutzen, wirkt es Wunder. Die gleiche Bedeutung besitzt der Ausdruck »danke«. Er bedeutet bereits ein Lob.

»Bitte« und »danke« sind mit die wichtigsten Wörter im Wortschatz eines Leiters.

Natürlich ist jeder von uns lobbedürftig. Eben aus diesem Grunde soll man, nach meiner Ansicht, sparsam damit umgehen (mögen die Psychologen sagen, was sie wollen). Viel wichtiger scheint mir zu sein, daß mein Vorgesetzter ein echtes Interesse an meiner Arbeit und Leistung zeigt.

Kinder machen oftmals Dinge, obwohl sie wissen, daß sie dafür bestraft werden. Durch ihre Unarten und die Strafe werden sie aber beachtet. Und genau das wollen sie unbewußt erreichen.

Erwachsene haben diese Möglichkeit nur beschränkt. Aber bei Betrunkenen, bei denen die Hemmungen abgebaut werden, tritt der Hang, »aufzufallen«, deutlich in Erscheinung, leider auch bei der Benutzung von Kraftfahrzeugen.

Nicht beachtet zu werden ist so ziemlich das Schlimmste, was einem auf einer Arbeitsstelle passieren kann. Beachtet werden bedeutet Anerkennung. Auch Anordnungen und sogar Tadel werden in Kauf genommen, wenn ein Vorgesetzter sich »um einen kümmert«.

Natürlich muß das Interesse für die Tätigkeit des Mitarbeiters regelmäßig gezeigt werden. Damit sind wir wieder bei der Wichtigkeit von Rundgängen durch unseren Bereich und beim Gespräch (sei es noch so kurz) am Arbeitsplatz.

Zugegeben, ein guter Leiter hat viel zu bedenken. Doch bei allem, was er tut und was er sagt, sollte er zwei Punkte beachten:

- Motiviere ich mich oder andere damit zu höheren Leistungen?
- Wieviel Räder drehen sich dadurch schneller?

Das bedeutet viel Selbstbeherrschung. Natürlich darf ab und zu »der Kragen platzen«. Aber es ist gut, wenn solche Gefühlsregungen vorher überlegt sind. Den echten Ärger tobt man am besten alleine ohne Zeugen aus.

Nachdem wir gemerkt haben, wie schwer ein Tadel, auch ungewollt, zu vermeiden ist, untersuchen wir noch das Lob, in der Hoffnung, dort keine Schwierigkeiten zu finden. Interesse wird als Lob empfunden, so weit waren wir gekommen. Doch wann soll ein Leiter ein Lob aussprechen?

Mir scheint, Lob ist eine kostbare Ware und sollte entsprechend teuer gehandelt werden. Ich habe es nie fertiggebracht, intelligente Menschen extra zu loben, wenn sie ihren Plan oder ihr Soll erfüllten. Dafür erhalten sie ihr Gehalt plus Jahresendprämie.

Lobe, was wirklich lobenswert ist.

Der plattdeutsche Dichter Fritz Reuter schreibt in seinem Roman »Ut mine Stromtid«, daß nichts eine Gruppe so schnell verdirbt wie unverdientes Lob. Schriftsteller sind mitunter gute Menschenkenner und Beobachter.

Vor jedem Lob (oder Tadel) sollte man sich überlegen, was geleistet wurde (die eine Seite) und welche Leistungen auf Grund der Verhältnisse

oder Vorbildung und des Gehaltes (!) zu erwarten waren.

Die gleiche Leistung kann lobenswert oder tadelnswert sein.

Wie sehr die Situation dabei mitspielen kann, merkte ich, als ich dem sowjetischen Olympiasieger in Dressur auf seinem Hengst einmal bei einem Wettbewerb zusah. Sein Trainer stand an der einen Ecke des Dressurvierecks. Wenn der Reiter auf ihn zuritt, bewegte der Trainer immer den Mund und flüsterte »caracho«. (Es ist verboten, dem Reiter etwas laut zuzurufen.) Wenn der Reiter vorbei war und den Trainer nicht sehen konnte, notierte dieser alle Fehler, die gemacht wurden.

Deutlicher kann man den psychologischen Unterschied zwischen Lob und Tadel und ihre »Bekanntgabe« kaum beschreiben.

Fiese Tricks

Ich will nicht sagen, daß sozialistische Leiter und Forscher die folgenden Patenttricks unbedingt anwenden sollen. Aber man muß sie kennen, um sich auf dem Patentmarkt behaupten zu können. Und wenn es unserem Staat einen Nutzen bringt und wenn die Sitten in dem Land, in dem man anmeldet, so üblich sind, wäre es falsch, den Gentleman spielen zu wollen.

1. In einigen Ländern, z. B. den USA, sind Patentschriften oft 100 Seiten stark. Die Erfinder (oder die Firmen, bei denen sie arbeiten) lassen sich neben dem Grundgedanken alle nur denkbaren Variationen und Zusätze schützen.

Lieber zehn Ansprüche zuviel als einen zuwenig.

2. Ein Anspruch wird angemeldet, aber einige Feinheiten des Know-how werden verschwiegen.

Beispiel: Coca Cola besteht aus 100 Teilen Wasser, 11 Teilen Zucker, 1 Teil Zitronensäure, Spuren von Coffein und – das Geheimnis – einem Zusatz von 1%.

3. Hat man einen zukunftsträchtigen Gedanken, meldet man ihn aber nicht an, sondern meldet 5 Patente über Einzelheiten des Konzeptes an, ohne dieses zu nennen.

Beispiel: Jemand erfindet eine neues Härteverfahren für einen Spezialstahl. Angemeldet werden Patente über das Erhitzen des Stahles, über die Temperaturführung, über Abkühlmethoden. Verschwiegen wird, wie alle Faktoren zusammenwirken müssen, um die gewünschten Stahleigenschaften zu erhalten.

4. Es wird behauptet, daß bestimmte Konzerne wichtige Patente mehrere Male anmelden, aber mit verschiedenem Inhalt. Nur ein Patent gibt den richtigen Weg an. Aber die Konkurrenz rätselt, welcher das ist.

Es gibt noch mehr Tricks, die moralisch nicht ganz einwandfrei, rechtlich aber in Ordnung sind. Die vier zeigen aber die Möglichkeiten.

Insgesamt gilt auch hier die Regel, daß in wichtigen Fällen ein Fachmann zur Beratung herangeholt wird.

Nicht »schlau sein« wollen auf Gebieten, wo man selbst keine Spitzenkraft ist.

Rechenschaftslegung

Irgendwann muß jeder Rechenschaft über seine Leistungen ablegen, und da die vorhergegangenen Arbeiten mit Geldausgaben verbunden waren, erfolgt die Rechenschaftslegung schriftlich. Das Problem ist, die Rechenschaft so zu gestalten, daß alles Wichtige gesagt ist, daß möglichst wenig Zusatzarbeit entsteht und daß der Kontrolleur die Leistungen beurteilen kann. Der letzte Punkt wird viel zu wenig beachtet.

Wer beurteilt, muß urteilsfähig sein.

Im ZIS haben sich Berichtsbögen sehr gut bewährt.

Rechenschaftslegung Quartal 19

Themen-Nr.: Bearbeiter:

Kurzthema:

Vertragspartner bei
Vertragsforschung:

Beginn der Arbeit: Leistungsstufe:

Abschluß der Arbeit: Leistungsstufe:

1. Welche Probleme sollten gelöst werden?

2. Eingeschlagener Lösungsweg

3. Erzielte Arbeitsergebnisse (Zahlen und Kennwerte angeben!)

4. Wer war im Berichtszeitraum an der Lösung der Aufgabe beteiligt (ing.-techn. Personal)?

5. Anwendung bzw. Weiterführung der Arbeiten

....

Gruppenleiter Abteilungsleiter

23/54 PG 119/102/81/44/1000

Sie gestatten den unmittelbaren Vergleich mit den Planungsbögen (Abschnitt »Pflichtenheft«).

Wichtig für die Beurteilung der Leistung ist es, die Punkte 1 und 2 miteinander zu vergleichen. Der Vorgesetzte, der den Bogen beurteilt, muß sich Gedanken machen, ob der Aufwand (Punkt 2) im richtigen Verhältnis zum Problem (Punkt 1) steht.

Es gibt Leute, die versuchen, einen Elefanten mit einem Luftgewehr zu erlegen. Andere schießen mit Kanonen nach Spatzen. Auch sind in vielen Fällen verschiedene Lösungswege denkbar.

Immer daran denken: Nicht Arbeit, sondern Leistung beurteilen!

Durch den Fragebogen wird erreicht, daß Forscher und Direktor eine genau definierte Ausgangsbasis für ein Fachgespräch haben. Die Formulierungen stammen vom Forscher. Er kann daher später nie sagen: eigentlich meine ich. Die Arbeitsergebnisse im Punkt 3 sollen möglichst aus Zahlen bestehen. Ausdrücke wie »in kürzester Frist«, »große Fortschritte«, »im Prinzip erreicht« und andere Redensarten stimmen jeden geschulten Beurteiler mißtrauisch. Der Zwang, sich auf kleinstem Raum so auszudrücken, daß die eigene Leistung sichtbar wird, wirkt erzieherisch und macht selbstkritisch. Jeder schreibt sich hier seine Beurteilung selbst.

Ich weiß natürlich, wie schwer es vielen Anfängern fällt, ihre Leistungen so kurz darzustellen. »Die Methode ist sicher gut, aber bei meiner Forschung geht es nicht«, ist ein bekannter Einwand. Es geht!

Zugegeben, beim Punkt 4 ist der Platz wirklich sehr eng. Wenn jemand hier eine Anlage macht, ist nichts dagegen einzuwenden. Man kann diesen Punkt aber auch fortlassen.

Einwände sind mir auch von Forschungsdirektoren anderer Betriebe bekannt, die sich diese Berichtsform ansahen. Das Hauptargument war: »Ich lege Wert auf einen ausführlichen Bericht, damit ich einen vollständigen Überblick habe und den Mann richtig beurteilen kann.«

Wenn der betreffende Chef zwei oder drei Vorhaben beurteilen muß, kann man diesen Standpunkt vielleicht teilen, obwohl der Bearbeiter bestimmt über den langen Bericht schimpft. Wir wollen auch annehmen, daß er die Ausarbeitung vollständig liest und nicht zu seinem Assistenten sagt: »Lies mal, und schreibe mir eine kurze Notiz.«

Aber zehn oder 100 Berichte zwischen 40 und 100 Seiten (so etwas gibt es) kann nicht einmal ein Verwaltungsgenie lesen und sachgemäß beurteilen.

Ich mußte lange Zeit den Institutsjahresbericht, der sich aus einer Einleitung und vielen genormten Kurzfassungen zusammensetzt, vor einem stellvertretenden Minister verteidigen.

Natürlich verstand der Minister nichts von der Schweißtechnik als Wissenschaft. Er versuchte das Problem nun so zu lösen, daß er sich von seinem Referenten eine Beurteilung entwerfen ließ. Dieser Referent war nun in einer komplizierten Lage. Er verstand auch nichts von der wissenschaftlichen Seite. Er hatte aber das Gefühl, eine gute Beurteilung müsse viel Kritik enthalten. Folglich kritisierte er tapfer darauf los.

Später gestand er mir: »Irgendwas mußte ich doch schreiben.«

»Richtig«, antwortete ich: »Schreibe die Wahrheit.«

Natürlich gab es bei der Verteidigung einen großen Krach, denn ich wehrte mich. Der Minister war einsichtig genug, meine besseren Argumente anzuerkennen.

Sei stolz auf deine Leistung.

In den folgenden Jahren diskutierten wir bei der Rechenschaftslegung nur über die Zusammenfassung des Punktes 5: Anwendung der Arbeiten. Davon verstand der Minister sehr viel, und wir haben zusammen wichtige Beschlüsse für die Volkswirtschaft durchgesetzt.

Man kann nur auf wenigen Gebieten Fachmann sein. Für die anderen Gebiete hält man sich Fachleute.
Anerkennung von Leistungen fördert neue Leistungen.

Personenkult

Im Abschnitt »Lob und Tadel« meinte ich, daß öfter gespendetes falsches Lob Menschengruppen verdirbt. Noch stärker wirkt aber unverdientes Lob auf Einzelpersonen. Jeder von uns kennt folgende Situation: Irgend etwas funktioniert längere Zeit nicht. Das kann die Anlieferung von Material im Betrieb sein, das kann die Müllabfuhr sein, das kann ein schlechtes Produkt sein. Die davon Betroffenen murren erst leise, dann laut, dann resigniert. Irgendwie erfährt ein Mann der Spitze (Meister, Direktor, Bürgermeister) eines Tages davon. Er schlägt mit der Faust auf den Tisch, läßt seine Verbindungen spielen, und der Schaden wird abgestellt. Große Befriedigung auf allen Seiten.

»Wenn der Alte sich einschaltet, klappt es.«

»Wenn der da oben immer wüßte, wie es hier aussieht!«

»Da sieht man wieder, einer muß nur energisch werden, schon ist alles da!«

Und was denkt der »Alte«?

»Alles muß ich selbst machen.«

»Wenn ich es mache, geht alles.«

»Schlimm, daß man keine guten Mitarbeiter hat.«

In Abständen wiederholt sich der Fall. Und jedes Mal werden die Meinungen »unten« und »oben« mehr verfestigt. Schließlich besteht Einigkeit, daß der Chef der einzige richtige Mann (oder Frau) im Betrieb oder in der Stadt ist.

Erfahrungsgemäß hält sich diese Ansicht über mehrere Jahre, bis plötzlich der große Zusammenbruch erfolgt. Der Vorgesetzte bekommt einen Herzinfarkt, weil er alle Arbeit an sich raffte, und die Mitarbeiter stellen fest, daß jetzt überhaupt nichts mehr funktioniert.

Wer alles selbst tun will, lebt nicht lange.

Es ist erstaunlich, wie selten sonst intelligente

Menschen gleich zu Beginn einer solchen Entwicklung die richtigen Folgerungen ziehen. Es sind doch nur wenige Fragen, die man stellen muß und die man prüfen muß.

- Welcher Mechanismus im Getriebe läuft falsch?
- Warum arbeiten die Mitarbeiter des Leiters nicht gut?
- Was macht der Leiter, wenn er eine Sache in Ordnung gebracht hat?

Die Ärzte haben ein Prinzip: Nicht die Symptome, sondern die eigentliche Krankheit muß bekämpft werden. Dieses Prinzip sollte jeder gute Leiter als Merkzettel auf seinem Schreibtisch liegen haben und befolgen, sobald er »eine Sache« mal selbst regeln mußte.

Wenn du erfolgreich eingegriffen hast, sei nicht stolz, sondern fühle dich schuldig.
Wir haben das Prinzip der persönlichen Verantwortung, das gilt auch für dich.
Je mehr du selbst machst, desto mehr wird auf dich abgeschoben.
Warum sollen deine Mitarbeiter etwas leisten, wenn sie wissen, du machst die Arbeit für sie?

Es ist doch selbstverständlich, daß ein Leiter, einerlei auf welcher Ebene, über mehr Machtmittel verfügt als seine Mitarbeiter. Daher kann er oft Probleme leichter (besser?) lösen. Aber die einzige Folgerung kann doch nur sein, zu untersuchen, ob der Kollege die notwendigen Befugnisse hatte oder ob er geeignet für diese Dienststellung ist oder ob wir ihn nicht sogar zwingen, schlecht zu arbeiten.

Denken wir nur an so einfache Beispiele, wo die Prämie nur an Menge und nicht an Qualität geknüpft wird.

Wenn ein Leiter an jeden persönlichen Erfolg mit der Frage herangeht, ob er nicht vorher etwas falsch gemacht hat, wird er vielleicht für einige Zeit nicht »der große einsame Alte« werden. Doch auf die Dauer wird er mehr Ruhe und Achtung erwerben, weil seine Mitarbeiter etwas leisten dürfen. Und für die gute Leistung aller ist der Vorgesetzte mehr zu loben, als wenn er ein »Durchreißer« ist.

Häßlichkeit verkauft sich schlecht

Dieser Grundsatz der Werbung und Gestaltung von Geräten setzt sich immer mehr durch. Wir haben in der DDR Hochschulen für Formgestaltung und sogar ein eigenes Staatssekretariat für dieses Gebiet.

Nun ist ein Forschungsergebnis, eine Technologie, ein Bericht ja auch ein Produkt, das »verkauft« werden muß. Immerhin geben wir etwa zehn Milliarden Mark jährlich für Forschung und Entwicklung aus. Seltsamerweise gibt es keinen Lehrstuhl und kein Institut, die sich mit der Frage befassen, wie die Forscher die möglichen Anwender am besten überreden, ihre Entwicklungen zu benutzen.

In früheren Abschnitten habe ich bereits meine Meinung geschildert, wie Anträge auf Geldbewilligung am wirkungsvollsten aufgesetzt werden oder wie ein Ingenieur einen Zwischenbericht am günstigsten aufsetzt. Aber die Entwicklungsstelle hat ja die Aufgabe, nach außen zu wirken.

Forschungsergebnisse werden genauso verkauft wie Damenstrümpfe oder Autos!

Dieser Merksatz ist für die Verhältnisse in der DDR nicht ganz zutreffend. Zwar werden Strümpfe verkauft (wie Forschung), aber Autos werden verteilt. Hier ist sofort ein Problem klar. Wovon es genug gibt, muß angeboten werden. Forschungs- und Entwicklungsergebnisse gibt es im allgemeinen ausreichend. Nur auf einigen Gebieten herrscht Mangel. Dort sind wir auf Lizenzkäufe angewiesen. Aber auch die Lizenzen beeinflussen den »Forschungsmarkt«.

Natürlich wird die Forschung bei uns geplant. Im Gegensatz zur Produktionsplanung gibt es eine Besonderheit: Je weiter eine Forschung in Neuland vorstoßen will (Risiko!), desto unbestimmter werden alle Vorgaben und Termine. Bei der Planung von Damenstrümpfen der Menge nach beträgt die Wahrscheinlichkeit, daß diese Ziele erreicht werden, fast 100 Prozent. Bei der Planung der Farbe von modischen Damenstrümpfen in den nächsten fünf Jahren sinkt die Wahrscheinlichkeit einer richtigen Prognose von Jahr zu Jahr schnell ab. Wir halten es aber für selbstverständlich und für durchaus moralisch einwandfrei, daß die

Strumpfhersteller dann durch die Werbung versuchen, die Damenwelt zu überreden, ganz bestimmte Farben zu kaufen. Nun lassen sich Damenstrümpfe beim Kauf anfassen. Eine neue Technologie läßt sich nicht anfassen. Sie besteht vor ihrer Einführung (bei dem Kauf) nur aus einem Bündel Papier. Manche Entwickler glauben, es sei ausreichend, in einer Fachzeitung ihre neuen Ergebnisse schön wissenschaftlich (was das auch immer sein mag) darzustellen.

Der Erfolg ist meistens enttäuschend.

Ein wirkungsvoller Zeitschriftenartikel muß so geschrieben sein, daß der mögliche Benutzer ihn liest und versteht.

Schreibe verständlich.
Schreibe kurz.
Versuche nicht zu zeigen, wie tüchtig du bist.
Mache verständlich, welchen Nutzen deine Arbeit dem Leser bringen kann.
Zeige instruktive Bilder und Diagramme.
Verschone den Leser mit einer endlosen Literaturaufzählung.

In den USA habe ich gesehen, wie die Artikel der Professoren von Fachjournalisten lesbar gemacht wurden. Ich halte diese »interdisziplinäre Zusammenarbeit« für sehr gut und vor allem für wirksam.

Sinngemäß gelten solche Überlegungen auch für Vorträge. Darüber habe ich in »Wege zum Erfolg« geschrieben. Es ist leider so, daß bei vielen Vorträgen, die unsere Wissenschaftler halten, in Ländern mit ungeduldigen Zuhörern der Saal sehr schnell leer wird.

Stelle dich auf deine Zuhörer ein.

Zur Werbung für geistige Produkte gehört auch das Bild, das Leiter, Mitarbeiter und Betrieb einem Besucher bieten. Warum soll ein Käufer zu einer Forschungsstelle Vertrauen haben und das Risiko eines Technologiekaufes eingehen, wenn er sieht, daß die Entwicklungsstelle verlottert ist?

Ich habe meinen Kollegen immer das Arztbeispiel gebracht: Du gehst in eine Klinik zu einer Operation auf Leben und Tod. Der Pförtner ist unhöflich, die Gänge sind dreckig, die Fensterscheiben sind mit Losungen beklebt, aber dafür ungeputzt, und der behandelnde Arzt hat Tomatensoßenreste im ungekämmten Vollbart.

Der Verkauf geistiger Produkte wie Technologie, Gesundheit oder Politik ist noch mehr Vertrauenssache als der Verkauf von Geräten. Daher muß alles getan werden, um die eigene Vertrauenswürdigkeit zu erhöhen.

Wer in einem Punkt vertrauensunwürdig wirkt, hat jeglichen Kredit verloren.
Nicht nur für Pralinen benötigt man eine ansprechende Verpackung.

Hochstapler und Schwindler haben als erste erkannt, wie sehr es auf den äußeren Eindruck ankommt. Alles Gerede vom inneren Wert des Menschen oder vom Wert der geistigen Arbeit ist nutzlos, solange Menschen so reagieren, wie sie eben reagieren.

Es gibt keinen Grund, warum wir ein wertvolles Arbeitsergebnis nicht auch seinem Wert entsprechend »einpacken« wollen. Hinzu kommt, daß alle Mitarbeiter sich in einem erfolgreichen Betrieb mit einer sauberen Umgebung und höflichen Umgangsformen wohler fühlen. Selbst einige »Naturburschen«, die unter Freiheit ein ungewaschenes Hemd verstehen und ihre Ausdrucksweise aus modernen Filmen oder Fernsehkrimis entnehmen, sind froh, wenn ein wohlmeinender Kollege sie etwas anleitet, wie man sich in »unserem Betrieb« zu benehmen hat.

Höflichkeit, Sauberkeit, Erfolg geben innere Sicherheit. Und die wünscht sich jeder.

Die Summe der Kleinigkeiten

Wohl jeder, der längere Zeit in einem Betrieb arbeitet, kennt die Situation, daß alles so recht und schlecht läuft. Schließlich wird aus recht und schlecht mehr schlecht als recht. Und dann kommt eines Tages der große Krach. Es wird ab- und umgesetzt. Gruppen werden neu unterstellt, um die Koordination zu sichern oder die Einzelverantwortung zu heben. Im schlimmsten (und leider häufigsten) Fall ziehen die Angestellten aus dem I. Stock in den IV. Stock und die vom III. in den I. Der Umzug dauert einige Wochen, die Aufregung währt einige Monate, und die Arbeitsleistung sinkt

für ein halbes Jahr und steigt dann langsam auf den Wert vor dem großen Krach.

Menschen verändern ungern ihre Umgebung. Vermeide unnötige Umzüge.

Dieser erfolgt aber eigentlich, um die Leistung zu erhöhen.

Das erreicht man nie durch Beschäftigungen mit Zimmerwechseln oder langen Sitzungen über Stellenpläne. Wenn schon große Änderungen, dann durchgreifende:

- Öffentlichkeitsarbeit, die allen klarmacht, was die Ziele sind,
- eine bessere Einstellung zur Leistung,
- einen energischen Abbau von Verwaltungsvorgängen,

- eine Betonung der persönlichen Verantwortung,
- Einführung neuer Technologien und neuer Techniken,
- klare Festlegungen, was verlangt wird und was bezahlt wird.

Die Erfahrung lehrt, daß bei solchen Veränderungen der Wille geweckt wird, mitzuarbeiten und mehr zu leisten. Umzüge von Zimmer zu Zimmer und andere Scheinmaßnahmen, die ohne Einfluß auf die Leistung sind, müssen vermieden werden.

Eine andere Frage ist, ob sich solche großen Änderungen nicht ganz vermeiden lassen oder ob ihr zeitlicher Abstand nicht vergrößert werden kann. Nach meiner Erfahrung ist das möglich.

Ein Betrieb und überhaupt jede Form menschlicher Organisation kann als ein Regelkreis aufgefaßt werden.

Er funktioniert genauso wie ein Regelkreis in der Elektronik, der Biologie oder der Mechanik. Nach Überschreiten einer bestimmten Reizschwelle spricht der Regler an und reagiert. Nun kann ein Regelkreis verschieden eingestellt sein. Er kann dafür sorgen, daß sich möglichst nichts ändert (die Temperatur bleibt konstant). Er kann auch so funktionieren, daß er auf Einflüsse mit erhöhter Leistung antwortet. (In einer Schnittwunde bilden sich vermehrt neue Zellen.) Er kann auch – ein seltener Fall – »lernen«, auf Einflüsse mit erhöhter Leistung zu antworten, und diese Leistungserhöhung beibehalten. (Je mehr die Sonne scheint, desto brauner wird die Haut.)

Diese letzte Form ist für einen Betrieb wünschenswert. Der Sinn eines betrieblichen Regelkreises ist es, daß er immer besser arbeitet.

Die Güte eines Regelkreises läßt sich am besten messen an dem Maß der zusätzlichen Energie, die man von außen in ihn hineinstecken muß, damit er weiterarbeitet. Je weniger, desto besser.

Wer viel Energie benötigt, um seinen Bereich in Ordnung zu halten, ist selten ein guter Chef.

Das sollte jeder Leiter bedenken, der in seinem Bereich etwas ändern will oder muß.

Daher ist es günstig, viele kleine Änderungen vorzunehmen, die im einzelnen wenig bewirken, aber insgesamt auf das Ziel der Leistungssteigerung gerichtet sind.

Kannst du in deinem Bereich täglich eine Kleinigkeit verbessern?
Kannst du wenigstens wöchentlich in deinem Bereich etwas verbessern?

Man muß zugeben, eine Verbesserung in der Woche ist nicht viel, aber im Jahr kommen immerhin 50 Maßnahmen zusammen.

Ich kann natürlich keine Liste aufstellen, was man alles tun kann oder was ich während meiner Tätigkeit alles tat.

Damit ich aber genau verstanden werde, zähle ich einige Punkte auf:

- Wie steht es mit der Sauberkeit?
- Entspricht die Höflichkeit der Telefonzentrale

und des Vorzimmers den Mindestansprüchen, oder haben sie ein höheres Niveau (so, wie du behandelt werden möchtest)?

- Wo sind Schwierigkeiten mit der Materialversorgung? Wann hast du zuletzt danach gefragt?
- Wie sehen die Lagerbestände aus? Entsprechen sie den Karteikarten oder den Angaben der EDV-Anlage?
- Werden Ausarbeitungen deiner Mitarbeiter erst im letzten Augenblick fertig, oder werden sie ohne Hast sofort nach der Auftragserteilung begonnen?
- Können deine Mitarbeiter (oder du selbst) nachweisen, was sie in der vorigen Woche leisteten?
- Sind die Unterschriften, die du heute machtest, alle notwendig?
- Haben deine Mitarbeiter bei der letzten Aussprache Vorschläge für Verbesserungen gemacht? Wenn nein – warum eigentlich nicht?
- Hast du mit einem Arbeiter gesprochen, der in diesem Jahr noch keinen Verbesserungsvorschlag machte?
- Diskutierst du immer positiv?

Mir scheint, es ist einfach, ein ganzes Buch mit solchen Fragen aufzustellen. Schwieriger ist es schon, die Fehler, die man findet (auch bei sich selbst), abzustellen.

Hast du schon einmal 50 kleine mögliche Verbesserungen aus deinem Bereich aufgeschrieben?

Günstig ist es, wenn die Betroffenen dabei beteiligt werden. Fasse daher deine Kritik möglichst in die Form einer Frage, die eine positive Antwort zuläßt. Also: »Sie sind doch schon seit drei Jahren in unserem Betrieb (unserem!) tätig. Sicher haben Sie sich schon einmal Gedanken gemacht, was wir (!) an Ihrem Arbeitsplatz verbessern könnten. Schließlich ist Ihre Tätigkeit doch ziemlich anstrengend und verantwortungsvoll.«

Meistens kommen dann schon Vorschläge.

Ganz selten ist eine zweite Frage notwendig. »Wenn ich mir das hier so ansehe ..., glauben Sie, daß es möglich ist, die beiden Maschinen günstiger aufzustellen, damit Sie nicht so viel hin- und herzulaufen brauchen?«

Am Schluß ist eine winzige Verbesserung erreicht. Aber das Arbeitsjahr hat ja noch 250 Tage. Auf jeden Fall hast du einen Mitarbeiter mehr, der zufrieden ist, weil wir (!) etwas besser machten. Und du hast wieder die Meinung eines Kollegen gehört und etwas Menschen- und Betriebskenntnis dazugelernt.

Man lernt nie aus!

Vielleicht hast du sogar Glück, und einer deiner Mitarbeiter versucht ebenfalls, den Regelkreis des Betriebes durch kleine Schritte stabil zu halten. Das wirkt nicht nur wie eine Addition, sondern wie eine Multiplikation!

Der Wirkungsgrad des Beispiels ist nicht hoch – aber er ist da.

Eine Kleinigkeit, persönlich erlebt, wirkt mehr als ein großes Ereignis im Fernsehen.

Wie stimuliert man?

Ich habe viele Vorträge über Leitungsmethoden gehalten. Im Anschluß daran entspann sich in der Regel noch eine Frage-und-Antwort-Stunde. Meistens wollten die Fragenden die Probleme loswerden, die sie in ihrem Bereich am meisten bedrückten.

Mit Sicherheit kam im Laufe des Abends die Frage: »Wie stimulieren Sie Ihre Mitarbeiter?« In all den Jahren hat mich diese Frage jedesmal geärgert. Zuerst einmal habe ich ein tiefes und durch Erfahrung erhärtetes Mißtrauen gegen bestimmte Wörter. Was ist eigentlich Stimulierung! Oder besser: Was versteht der Fragende darunter?

Prüfe bei Fremdwörtern immer, was eigentlich gemeint ist.

Anfangs stellte ich immer diese Gegenfrage. Später unterließ ich es, um meine Zuhörer nicht zum Stottern zu bringen. Denn die Antworten gingen fast alle in die Richtung: Was versprechen Sie vorher? Was geben Sie nachher? Nach welchem Schlüssel verteilen Sie Prämien?

Später habe ich diese Frage mit einer »Arztgeschichte« beantwortet.

»Stellen Sie sich vor, Sie müssen sich einer Operation unterziehen, und der Chirurg fragt (während er sein Messer schleift): Wie stimulieren Sie mich?«

Bei anderen erkennt man am schnellsten, was falsch oder richtig ist.

Natürlich lachen alle Anwesenden, wenn ich das sage. Jeder begreift sofort die Unsinnigkeit der Geschichte. Nun rede ich weiter: »In Verbindung mit dem menschlichen Leben sieht man sofort, wohin eine solche Trinkgeldphilosophie führen würde: zu einem Vertrauensverlust. Wir übersehen aber, daß dem Ingenieur oder Wissenschaftler infolge seiner Arbeit genauso Leben anvertraut wird wie einem Arzt. Denken Sie nur, wenn eine Brücke falsch berechnet ist und bricht. Ich selbst habe nie mit Leuten zusammenarbeiten mögen, die stimuliert werden mußten, das heißt, die nur etwas leisten wollten, wenn man ihnen Geld als Belohnung versprach.«

Regelmäßig nickten dann alle Zuhörer mit dem Kopf. Ich fuhr dann fort: »Wenn man ein Kind möglichst schlecht erziehen will, muß man ihm immer im voraus eine Belohnung versprechen. Es wird dann für jede selbstverständliche Leistung eine immer höhere Belohnung verlangen.«

Bei diesen Worten bekamen jedesmal einige junge Mütter unter den Zuhörern einen roten Kopf.

»Erwachsene verhalten sich nicht anders. Wenn ein Leiter mit Belohnungsversprechungen arbeitet, hat er bald Mitarbeiter, die für ihre Anwesenheit

Gehalt beziehen und für jede Leistung eine Sonderprämie.«

Fordere nie Leistung gegen Belohnung.

Hier nicken alle, weil eigentlich jeder solche Fälle kennt.

»Natürlich kann es Ausnahmen geben, wo man im voraus eine Belohnung versprechen muß, weil die Lage das erfordert. Aber es muß eine seltene Ausnahme bleiben.

Andererseits bin ich dafür, tüchtige Menschen gut und hoch zu bezahlen. Und wenn ein Prämientopf vorhanden ist, soll er bis zum letzten Pfennig ausgeschöpft werden. Aber wohlgemerkt ohne Versprechungen und nur bei meßbaren Leistungen.«

Natürlich weiß ich, daß in vielen Betrieben solche Grundsätze nicht anerkannt werden. Ich weiß auch, welche Diskussion es gibt, wenn Prämien verteilt werden und ein Kollege hat 50 Mark mehr.

Wenn die Prämie an die gemessene Leistung geknüpft ist, werden solche Diskussionen (die viel Arbeitszeit kosten und entmotivierend wirken) schon seltener. Falsch scheint mir auch die Regelung zu sein, daß bei Nichterfüllung bestimmter Leistungen ein Prämienabzug erfolgt. Ein Abzug muß begründet werden. Das macht dem Leiter zusätzlich auch Ärger und Arbeit. Daher verzichtet er darauf. Viel richtiger ist es, Prämien in verschiedener Höhe zu gewähren. Wenn Kollege Schulze für seine Leistung 500 Mark erhält und Kollege

Meier für geringere Leistung 450 Mark (das Wörtchen »nur« habe ich hier absichtlich fortgelassen), ist das bei meßbarer Leistung einfach zu begründen. Wenn Meier mehr haben möchte, muß er die Leistung nachweisen. Wenn der Vorgesetzte aber dem Kollegen Meier 50 Mark abzieht, so bestraft er ihn, und der Leiter muß den Nachweis führen, daß diese Strafe berechtigt ist (was Meier natürlich nicht einsehen wird).

Es ist erstaunlich, wie selten Leiter die positive Lösung wählen und auf die »Abzugsmethode« verzichten.

Nie Prämien abziehen. Immer Prämien nach Leistung geben.

Sicher, solange es verschieden hohe Gehälter, Löhne und Prämien gibt, wird es immer wieder Auseinandersetzungen geben, in denen Wörter wie Gerechtigkeit eine große Rolle spielen.

Aufgabe eines Leiters ist es, das Wort Leistung in die Diskussion einzuführen.

Leistung ist der Maßstab für Entlohnung.

Produktivität und Intensität

Über Arbeitsproduktivität wird viel gesprochen und geschrieben. Ihre Steigerung wird abgerechnet, und ihr Gesamtwert erscheint im Statistischen Jahrbuch. Die Arbeitsintensität hingegen wird nur am Rande erwähnt und dann meistens so, daß sie verringert wurde oder verringert werden sollte. Wenn wir aber über Motivation sprechen, können wir das Problem der Intensität nicht einfach verschweigen.

Um 1935 gab es eine öffentliche Diskussion, ob das Autofahren eine Arbeit sei. Der Tätigkeit eines Kraftfahrers wurde die Verrichtung eines Erdarbeiters gegenübergestellt. Der eine sitzt und tut nichts (so war eine Meinung), und der andere schuftet. Nun ist es wirklich schwer, ein Maß für die Intensität zu finden. Das Versinken der Umwelt beim Fußballspieler oder beim vergeßlichen Professor sind zwei typische Beispiele, aber sie lassen sich kaum auf einen Kraftfahrer übertragen. Mir scheint ein Maßstab zu sein, wie müde, abgespannt, zerschlagen man sich nach einer Arbeit fühlt. Dieses Maß ist natürlich sehr individuell. Auch können zwei Menschen nach der gleichen Tätigkeit sich ganz verschieden fühlen, in Abhängigkeit von ihrer Übung, ihrer Einstellung zur Arbeit, ihrem Intelligenzgrad, ihrer Ausbildung und ihrer Motivation.

Ich will nun keinen Streit mit Leuten anfangen, die behaupten, die Arbeitsintensität (sagen wir ehrlich: die Anstrengung) würde durch die moderne Technik abgebaut. Ich kann nur sagen: Immer, wenn ich mehr geleistet habe als bisher, war ich abends auch erschöpfter.

Ein Auto, das von Halle nach Berlin in zwei Stunden fährt (Leistung), braucht mehr Benzin (Arbeit) als eines, das drei Stunden benötigt. Und der Mann am Steuer muß beim schnellen Wagen mehr leisten (Arbeitsproduktivität). Andererseits hat die Polizei ihre berechtigten Gründe, wenn sie ein Tempolimit vorschreibt, weil der Fahrer in kritischen Lagen überbeansprucht wird (Intensität).

Jedenfalls habe ich den Mitarbeitern, von denen ich mehr Leistung verlangte (z. B. weil sie eine höhere Dienststellung erhielten), immer gesagt, daß auch die Belastung zunehmen würde.

Mehr Leistung – mehr Belastung!

Redensarten wie: »Ach, das wirst du schon schaffen«, motivieren nicht. Ehrlichkeit auf diesem Gebiet bewahrt beide Seiten vor Enttäuschungen.

Sage, was du verlangst, und mach auf die Konsequenzen aufmerksam.

Andererseits ist Schwarzmalerei auch falsch.

Ich erhielt eine Broschüre über Freiübungen für Menschen, die in Büros tätig sind. Die Verfasser hatten alle Übungen mit kleinen, witzigen Zeichnungen beschrieben. In dem Bildband stand auch, wie lange die betreffende Bewegung gemacht werden sollte, also 40 Sekunden mit dem Kopf rollen usw. Soweit war alles sehr gut. Aber dann kam der Fehler. Dort stand: Diese Übungen bringen nur dann Erfolg, wenn sie regelmäßig täglich durchgeführt werden. Eine erste Überschlagsrechnung zeigte, daß dafür 50 Minuten notwendig gewesen wären.

Es wird wohl selten einen Schreibtischarbeiter

geben, der bereit ist, im stillen Kämmerlein 50 Minuten lang alleine Freiübungen zu machen, nicht einmal während der Dienstzeit.

Statt etwas Unmögliches zu verlangen, hätten die Verfasser der Broschüre doch auch schreiben können: Etwas Sport ist besser als kein Sport. Probiere, wie lange du es aushältst, diese Übungen auszuführen.

Verlange nichts, was du selbst nicht tun würdest!
Betone – wenn möglich – die Freiwilligkeit einer Sache.

Du und das Gesetz

Es gibt unter Ingenieuren zwei besonders dumme Redensarten. Die eine lautet: »Mit einem Bein stehen wir immer im Zuchthaus« und die andere »Wenn wir nicht dauernd gegen Gesetze und Verordnungen verstoßen würden, wäre die Wirtschaft schon lange zusammengebrochen«.

Wenn ich dann nachfrage und Beispiele fordere, fällt den meisten gerade nichts ein. Und wenn Beispiele gebracht werden, sind es meistens Fälle, in denen Ingenieure wegen Fahrlässigkeit verurteilt wurden.

Nun gibt es tatsächlich mehr gültige Vorschriften und Standards, als ein Mensch behalten kann. Aber es ist doch so, daß jeder ein bestimmtes Gebiet bearbeitet. Da sinkt sofort die Zahl der TGLs auf ein überschaubares Maß. Und wenn wir plötzlich auf einem fremden Gebiet arbeiten müssen, hilft nur Ehrlichkeit. Es ist doch keine Schande, wenn ein Kraftwagenbauer die Vorschriften für den Schiffbau nicht kennt. Aber es ist bedenklich (und unter Umständen strafbar), wenn ein Schiffbauer seine schweißtechnischen Kenntnisse an einem Trabi ausprobiert.

Im Zweifelsfall frage einen Fachmann.

Es gibt aber einige Paragraphen, die jeder Wissenschaftler und Ingenieur kennen sollte.

In der Verfassung der DDR heißt es im

Artikel 17:
Förderung der Forschung.

»1 Wissenschaft und Forschung sowie die Anwendung ihrer Erkenntnisse sind wesentliche Grundlagen der sozialistischen Gesellschaft und werden durch den Staat allseitig gefördert.

2 Mit dem einheitlichen sozialistischen Bildungssystem sichert die Deutsche Demokratische Republik allen Bürgern eine den ständig steigenden gesellschaftlichen Erfordernissen entsprechende hohe Bildung. Sie befähigt die Bürger, die sozialistische Gesellschaft zu gestalten und an der Entwicklung der sozialistischen Demokratie schöpferisch mitzuwirken.

3 Die Deutsche Demokratische Republik fördert Wissenschaft und Bildung mit dem Ziel, die Gesellschaft und das Leben der Bürger zu schützen und zu bereichern, die wissenschaftlich-technische Revolution zu meistern sowie den ständigen Fort-

schritt der sozialistischen Gesellschaft zu gewährleisten.

4 Jeder gegen den Frieden, die Völkerverständigung, gegen das Leben und die Würde des Menschen gerichtete Mißbrauch der Wissenschaft ist verboten.«

Das ist erst einmal kein Verbot, sondern eine ausdrückliche Forderung. Und somit natürlich auch eine Verpflichtung.

Wer einen der im Eingang dieses Abschnittes gebrachten Sätze ausspricht, ist sich über das Strafgesetzbuch der DDR nicht im klaren. Wenn wir von beabsichtigten Straftaten absehen, ist für den »Normalfall« der Abschnitt Fahrlässigkeit des Strafgesetzbuches merkenswert.

»Fahrlässigkeit

§ 7

Fahrlässig handelt, wer voraussieht, daß er die im gesetzlichen Tatbestand bezeichneten Folgen verursachen könnte und diese ungewollt herbeiführt, weil er bei seiner Entscheidung zum Handeln leichtfertig darauf vertraut, daß diese Folgen nicht eintreten werden.

§ 8

(1) Fahrlässig handelt auch, wer sich in bewußter Verletzung seiner Pflichten zum Handeln entscheidet und dadurch die im gesetzlichen Tatbestand bezeichneten Folgen herbeiführt, ohne diese vorauszusehen, obwohl er sie bei verantwortungsbewußter Prüfung der Sachlage hätte voraussehen

und bei pflichtgemäßem Verhalten vermeiden können.
(2) Fahrlässig handelt auch, wer sich zur Zeit der Tat der Pflichtverletzung nicht bewußt ist, weil er infolge verantwortungsloser Gleichgültigkeit sich seine Pflichten nicht bewußt gemacht oder weil er sich auf Grund einer disziplinlosen Einstellung an das pflichtwidrige Verhalten gewöhnt hat und dadurch die im gesetzlichen Tatbestand bezeichneten, bei pflichtgemäßem Verhalten voraussehbaren und vermeidbaren schädlichen Folgen herbeiführt.«

Eigentlich braucht man sich nur einige Stichworte zu merken, um nicht mit einem Bein im Zuchthaus zu stehen. Es sind »leichtfertig darauf vertraute«, »bewußte Verletzung seiner Pflichten« und »Gleichgültigkeit«.

Im § 9 wird vorsichtshalber nochmals gesagt, was Pflichten sind:

»§ 9

Begriff der Pflichten

Pflichten im Sinne dieses Gesetzes sind solche, die dem Verantwortlichen zum Zeitpunkt der Tat kraft Gesetzes, Berufs, Tätigkeit oder seiner Beziehungen zum Geschädigten zur Vermeidung schädlicher Folgen oder Gefahren obliegen oder die ihm daraus erwachsen, daß er durch sein Verhalten für andere Personen oder für die Gesellschaft besondere Gefahren heraufbeschwört.«

Also »verantwortlich kraft Gesetzes, Berufs und Tätigkeit«.

Das ZIS mußte und muß viele Gutachten für

Gerichte machen. Wenn man weiß, daß davon die Verurteilung oder der Freispruch eines Angeklagten abhängen kann, überlegt man sich natürlich jedes Wort. Die Hauptfrage war immer: Hätte der Angeklagte das aufgrund seiner Ausbildung und Dienststellung wissen müssen?

Das Leben spielt mitunter seltsam. Aber in den meisten Fällen weiß doch jeder, was in seinem Beruf erlaubt ist oder nicht.

Der Gesetzgeber hat auch an die Leute gedacht, die glauben, ungesetzlich handeln zu müssen, damit der Plan erfüllt wird. Er hat im Strafgesetzbuch im 5. Kapitel Straftaten gegen das sozialistische Eigentum und die Volkswirtschaft aufgezählt. Lassen wir auch hier die bewußten Straftaten weg und zählen nur die Paragraphen auf, mit denen man infolge Fahrlässigkeit in Konflikt kommen kann. Sie haben die Nummern 163 bis 168.

Und dann folgt der wichtige Risikoparagraph:

»§ 169

Wirtschafts- und Entwicklungsrisiko

Eine Straftat nach den §§ 163 bis 168 liegt nicht vor, wenn

1. die Handlung vorgenommen wird, um einen bedeutenden wirtschaftlichen Nutzen herbeizuführen oder einen bedeutenden wirtschaftlichen Schaden abzuwenden und der Handelnde nach verantwortungsbewußter Prüfung aller die Handlung betreffenden Umstände die eingetretenen wirtschaftlichen Nachteile für wenig wahrscheinlich oder aber für wesentlich geringer als den vor-

gesehenen wirtschaftlichen Nutzen halten durfte (Wirtschaftsrisiko);

2. im Rahmen staatlich angeordneter bestätigter oder sonst im Verantwortungsbereich des Handelnden liegender Forschungs- und Entwicklungsarbeiten oder technisch-ökonomischer Experimente, die unter Beachtung des Standes der wissenschaftlichen Erkenntnisse sowie verantwortungsbewußter Prüfung aller die Handlung betreffenden Umstände vorgenommen wurden, wirtschaftliche Nachteile eingetreten sind (Forschungs- und Entwicklungsrisiko).«

Vor Jahren stellte ein Betrieb fest, daß er in Bauteile eine falsche Stahlsorte eingeschweißt hatte. Das fertige Erzeugnis war bereits ausgeliefert, und im Ausland liefen für 40 Millionen Mark dieses Produktes. Der Werkdirektor schickte alle Unterlagen an das ZIS und fragte, was er tun solle. (Ich nehme an, er hat in den Wochen sehr wenig geschlafen.) Ich habe damals an verschiedene Arbeitsgruppen den Auftrag erteilt, alle Belastungsfälle, die auftreten konnten, durchzurechnen, ohne zu sagen, worum es sich eigentlich handelt (40 Millionen Mark hängt man nicht an die große Glocke).

Schließlich lag ein dicker Hefter mit Untergutachten vor. Daraus fertigte ich den endgültigen Text, für den natürlich nur ich die Verantwortung hatte.

Dann habe ich diesen Text nochmals unter Berücksichtigung der Fahrlässigkeitsparagraphen geprüft und schließlich unterschrieben.

Wir haben die Geräte weiterlaufen lassen, und sie haben gehalten.

Andererseits sind vom ZIS schon öfter Betriebe und Produkte gesperrt worden, wenn sie den Vorschriften nicht entsprachen. Bei dem »Beruf und der Tätigkeit« (§ 9) meiner Kollegen wäre es fahrlässig gewesen, hier zu schweigen.

Zum § 169, dem Risikoparagraphen, muß aber noch eine wichtige Anmerkung gemacht werden, vor allem, weil das Wort Risiko oft benutzt wird. Das Risiko bezieht sich nur auf Sachen, nie und unter keinen Umständen auf eine Gefährdung des menschlichen Lebens.

Beachte die Grenzen des Risikos!

Der Literaturbericht

Das Studium der Fachliteratur einschließlich der Patente zu einem Forschungsthema ist die billigste Form der Forschung. Daher muß ein Literaturbericht am Beginn der Arbeiten angefertigt werden, der im Laufe der Arbeit auf dem laufenden gehalten wird.

Das Literatur- und Patentstudium steht am Anfang der Forschung.

Die Erfahrung zeigt, daß viele Fachleute nicht in der Lage sind, einen Literaturbericht rationell anzufertigen.

> »Während W. Müller (84) die Grenzen der Löslichkeit mit 0,06% festsetzte, kam J. Meyer (136) zu der Erkenntnis, daß dieser Wert zwischen 0,045 und 0,075% schwankt, was H. Schulze (134) auf den Einfluß der Temperatur zurückführt und sich dabei in Übereinstimmung von (94), (101) und (154) befindet.«

Hier weist der Autor nach, was er alles gelesen hat. (Ich habe fleißig gearbeitet.) Notwendig ist aber für die eigene Arbeit und ihre Beurteilung nur der augenblickliche Stand des Wissens.

> »Die Löslichkeit schwankt zwischen 0,045 bis 0,075% in Abhängigkeit von der Temperatur (Schulze 134, siehe dort weitere Literaturangaben).«

Ich weiß natürlich, daß vor allem Hochschulprofessoren ein »vollständiges Literaturverzeichnis« unter besonderer Berücksichtigung der sowjetischen Arbeiten verlangen. Aber deswegen bleibt es trotzdem eine Verschwendung von Zeit und Papier, die Vollständigkeit in den Text des Berichtes zu nehmen.

Der umgekehrte Fall ist der Schlauberger, der sich vom Computer ein Literaturverzeichnis mit Kurzfassung der herangezogenen Arbeiten ausdrucken läßt und nichts im Original liest. Das merkt der erfahrene Beurteiler schnell. Wichtig ist, genau anzugeben, wonach man im Schrifttum eigentlich gesucht hat.

Schreibe, wonach du gesucht hast.

Falls es sich nicht gerade um eine historische Arbeit handelt, ist es falsch anzufangen: »Bereits 1872 schrieb ...« usw. Der Weltstand, auf den es letzten Endes ankommt, gilt nur für das Jahr, in dem du gerade schreibst – minus der Zeit, um die Zeitschriften mit ihren Veröffentlichungen hinterherhinken.

Der Weltstand ist immer ein Stück weiter als das Schrifttum.

Sehr nützlich, aber kaum angewandt, sind im Literaturbericht Tabellen mit Gegenüberstellungen.

Tabellen sind kürzer und übersichtlicher als lange Sätze.

Es ist auch praktisch, in Tabellenform den Stand des Schrifttums mit dem Stand des eigenen Wissens (dem eigenen Erzeugnis) zu vergleichen oder Vor- und Nachteile aufzulisten.

Einige Bearbeiter von Forschungsthemen sind stolz auf ihre umfangreiche Literaturauswertung. Wenn mir solche langen Berichte vorgelegt wurden, war ich immer mißtrauisch, ob es sich überhaupt lohnt, auf dem betreffenden Gebiet zu arbeiten.

In der Wissenschaft und in der Technik gibt es »moderne« Themen, an denen viele Leute in aller Welt arbeiten. Für mich tauchte dann immer die Frage auf, ob hier noch genügend Neuland vorliegt, damit die eigene Anstrengung sich lohnt.

Prüfe, ob Aussichten bestehen, wirklich Neues zu erforschen.

Es besteht dann die Gefahr, daß die eigene Arbeit nur noch die Resultate der Vorgänger bestätigt. Andererseits kann eine Literaturlawine auch darauf hindeuten, daß für ein Problem keine gute Lösung bekannt ist. Hier bietet sich vielleicht die große Gelegenheit, grundsätzlich neue Wege zu gehen.

Um 1950 gab es eine umfangreiche Literatur über die Erzeugung von Pulver für die Unterpulverschweißung durch Erschmelzen aus Kalk, Kieselsäure und Flußspat. Im Prinzip waren alle Zusammensetzungen ausprobiert, ohne daß das Ergebnis befriedigte.

Dr. Becker und ich kamen damals auf den Einfall, nicht die reinen Ausgangsstoffe zu nehmen, sondern Schlacken aus der Metallurgie. Damit wurde ein völlig neuer (und erfolgreicher) Weg beschritten.

Ein Literaturbericht soll daher abwägen:
- Wie ist der Stand?
- Wieviel Neuland ist noch zu erwarten?
- Welche Wege wurden noch nicht beschritten?

Und daraus sind die Schlüsse für die eigene Forschung zu ziehen.

Der Abschlußbericht

Abschlußberichte werden immer für jemand angefertigt. Trotzdem schreiben viele Entwickler den Bericht so, als wären sie der einzige Nutzer.

Überlege, für wen du den Bericht schreibst.

Es ist gut, sich vorzustellen, wer was mit der Arbeit anfangen muß. Dann bemerkt man schnell, wie breit gefächert der Kreis der Nutzer ist. Der Patentingenieur zum Beispiel ist nur daran interessiert, ob sich Ansätze für eine Anmeldung bieten. Ein Nutzer der Arbeit aus der Industrie möchte sicherlich alle Messungen sehen, die gemacht wurden. Daher ist günstig, den Bericht in zwei Teile zu untergliedern, die sich nicht überschneiden sollen. Der Teil I berichtet über das Grundsätzliche. Teil II beinhaltet alle Einzelheiten.

Im ZIS gibt es eine Zusammenstellung, aus der die möglichen Leser hervorgehen und aus der der Forscher deren Informationswünsche entnehmen kann.

Wem soll Teil I in welcher Weise nutzen?

Tabelle 1

Interessent	Funktion
Vorgesehener oder möglicher Anwender	Orientierungsmittel, Leistungsangebot, Information über käuflich zu erwerbende Ergebnisse, Information über Entwicklungsstand
Themenbearbeiter (Berichterstatter)	Bestimmen des Standortes, kritische Wertung der geleisteten Arbeit, Erfüllen der Berichtspflicht, Gliederung für Teil II
Gruppenleiter	Bewerten der Leistung, Einordnen in die Arbeitsrichtung der Gruppe, Orientierung der weiteren Arbeit
Gruppe	Gegenseitige Information, Verbesserung der Kommunikation bzw. der Koordination
Kommunikationspartner (im ZIS, an Hochschulen u. a. Institutionen)	Information: wer macht (hat, will) was? Möglichkeit der Auswahl von Informationen aus dem Gesamtbericht
Abteilungsleiter	Bewerten der Leistungen, Hilfe bei der Einschätzung des Bearbeiters, Strategische Orientierung der Abteilung, Grundlage für Verhandlungen und Planung
Forschungsdirektor (Direktor F/E)	Arbeitsnachweis, Bilanzierung, Verdichten und Bewerten der Informationen, Führungsinstrument

Institutsdirektor (Kombinatsdirektor)	Führungsinstrument, Herleiten strategischer Orientierungen für das Institut
Übergeordnete Leitung	globale Übersicht, Export-Import-Strategie, volkswirtschaftliche Bilanzierung. Bei Staatsplanthemen: Rechenschaftslegung
Information/ Dokumentation	Indexierung, Dokumentenspeicherung, Faktenextraktion
Lizenzabteilung	Angebotsunterlage, Verhandlungsinformation

Der Teil I soll klar gegliedert sein. Floskeln und Wiederholungen sind zu streichen.
- Zu welchen Fragen und in welcher Form wurden Ergebnisse (Zahlen!!) erreicht?
- Wie wurden diese eingeschätzt (ehrlich!)?
- Welches waren die Lösungswege, die zum Erfolg führten (Irrwege nur kurz erwähnen)?
- Was wird weiter vorgeschlagen?
- Wie soll das Ergebnis genutzt werden?.

Dann kommt in der ZIS-Vorschrift ein wichtiger Satz:

Höchstens 10 Seiten (weniger ist meistens besser!).

Ich selbst habe den Teil II im Laufe der Arbeiten mitgeschrieben. Er ist praktisch das Forschungstagebuch mit einigen Ergänzungen. Durch diese Form der Arbeit ersparte ich mir, am Ende der Forschungsarbeit alles neu zusammenstellen zu müssen.

Der Teil II enthält also alle Einzelheiten des Forschungsablaufes. Beim Notieren der täglichen Ergebnisse schrieb ich das, was gemacht und gemessen wurde, einschließlich der Irrwege, sowie die Überlegungen dazu. Bei der Endfassung waren dann wenige Streichungen und einige Ergänzungen nötig, um den Bericht dem Personenkreis anzupassen, der ihn (vielleicht) liest oder auswertet. Damit jeder Mitarbeiter sich diesen Kreis vorstellt, wurde er auch in einer Vorschrift zusammengestellt (Tabelle 2).

Wem soll Teil II in welcher Weise nutzen?

Tabelle 2

Interessent	Funktion
Anwender Käufer	technische Dokumentation, d. h. zur selbständigen Reproduktion hinreichende Darstellung der Struktur, der Anordnung, der Gestalt, der Dimensionen bzw. des Know-how das Objekt, das gekauft wird
Bearbeiter	geordneter Speicher aller wesentlichen Ergebnisse, auf den bei späteren Arbeiten kurzfristig zurückgegriffen werden kann Das ist die Hauptsache für ihn! Sichert die Kontinuität der Arbeit
Gruppenleiter Gruppe Kommunikationspartner	wie beim Bearbeiter, Auswahl und Abruf haben aber hier noch größeres Gewicht

Abteilungsleiter	Bewertung von Einzelheiten, Prüfung der Beweiskraft und Korrektheit der Aussagen im Teil I, Erkenntnis übergreifender Möglichkeiten und Probleme
Forschungs-direktor	Bewerten der wissenschaftlichen Sicherung der Behauptungen und der Schlußfolgerungen der Forschungsbeauftragten durch Qualität und Quantität von Versuchsergebnissen, Auswahl von Ergebnissen für zentrale Speicherung und Auswertung
Information/ Dokumentation	Faktenspeicher, Zuordnung der Fakten zu Ordnungsschemata
Lizenzabteilung	Verkaufsobjekt

Denke immer daran: Du schreibst für Leser, nicht für dich.
Sei kurz und genau. Vermeide mehrdeutige Wörter (meistens Fremdwörter).

Vermeide »Modewörter«.
Nicht dein Fleiß ist gefragt, sondern deine Ergebnisse.

Die Leitungsgrundsätze

Verordnungen, Anordnungen und manche Gesetze enthalten vorzugsweise Verbote. Sehr selten steht in ihnen, was die von ihnen Betroffenen eigentlich genau zu machen haben. In den Betrieben gibt es teilweise genaue Vorschriften, wie einzelne Arbeiten zu verrichten sind. Aber für das Zusammenleben in einer Institution mit dem erklärten Ziel der Leistungssteigerung werden nur selten Regeln festgelegt.

Im ZIS erhält jeder, der neu eingestellt wird, einen Zettel mit den 14 Leitungsgrundsätzen des Institutes. Ich habe nach Möglichkeit bei allen Gelegenheiten auf diese Grundsätze Bezug genommen und meine Entschlüsse daraus abgeleitet.

Wie jeder Grundsatz beginnt auch dieser mit einer Präambel:

> »Die komplizierten Aufgaben im ZIS können nur dann erfolgreich gelöst werden, wenn alle Mitarbeiter nach bestimmten Grundsätzen handeln.
> Wir haben die wichtigsten Gedanken hier einmal zusammengestellt.«

Der Eingangssatz enthält das Ziel der Tätigkeit: Aufgaben lösen. Mit Absicht ist dieser Begriff nicht genau gefaßt worden. Natürlich hätten wir hier Wörter wie Schweißtechnik oder Automatisierung verwenden können. Doch dann hätte immer die Gefahr bestanden, daß irgendein Mitarbeiter seine spezielle Tätigkeit vermißt hätte. Die noch größere Gefahr besteht bei solchen »genauen« Formulierungen, daß die Hilfsabteilungen wie Reinemachekolonne oder Materialbeschaffer sich nicht angesprochen fühlen. Die Grundsätze wenden sich aber ausdrücklich an alle Mitarbeiter.

Der neueingestellte Kollege liest weiter, daß *wir* diese Gedanken aufschrieben, nicht der Direktor oder der Kaderleiter. Er (oder sie) sieht sich daher der ganzen Belegschaft gegenüber:

»1. Das ZIS ist ein Teil des sozialistischen Eigentums. Jeder von uns ist Miteigentümer des Institutes. Daraus ergeben sich Rechte und Pflichten.«

Bei meinen Besuchen in Japan fiel mir auf, wie selbstverständlich die Japaner sagen: my company – mein Betrieb. Dieser Ausdruck ist leider bei uns sehr selten, obwohl wir ihn mit größerem Recht gebrauchen könnten als die Japaner.

Daher sind die Wörter Eigentum und Eigentümer an den Anfang gestellt. Mir erschien es auch immer wichtig, diese Begriffe zu symbolisieren. Zum Beispiel wurde die Pflege der großen Parkanlage, in der die Gebäude des Institutes liegen, aufgeteilt, und jeweils eine Gruppe war »Eigentümer« eines Stückes des Parkes. Natürlich wäre es einfacher und umgerechnet billiger gewesen, einige Gärtner einzustellen, und wahrscheinlich wäre die Anlage dann noch besser gepflegt. Doch der erzieherische Faktor, wenn der Nachbar seine Rosen gehackt hat und die eigenen unter Unkraut erstikken, ist unübersehbar. Vor allem, weil die Unkrautdichte oder die Zahl der herumliegenden Zigarettenstummel durchaus meßbare Größen sind.

Weiter ist an diesem Abschnitt beachtenswert, daß die Rechte und die Pflichten aus dem sozialistischen Eigentum abgeleitet werden. Viele Kollegen neigen dazu, ihre Rechte aus dem Arbeitsgesetzbuch und der Urlaubsordnung abzuleiten und die Pflichten darüber ganz zu vergessen.

Eigentum bedeutet, daß du alles bezahlen mußt, auch wenn andere dein Eigentum beschädigt haben oder es verkommen ließen.

Dieser Gedanke kann nicht oft genug herausgestellt werden.

»2. Einzelleistung und Einzelverantwortung einerseits und Beratung und Vorschläge andererseits sichern die Staatsdisziplin und gleichzeitig die Mitbestimmung.«

Mitunter bin ich gefragt worden, ob hier nicht ein Druckfehler vorläge und es Einzelleitung statt Einzelleistung heißen müsse. Wo in der DDR Einzelleitung und wo Kollektivleitung herrscht, ist durch Vorschriften festgelegt. Das braucht daher nicht gesagt zu werden.

Was wir im Institut wollen, ist die Leistung, und zwar die Leistung des einzelnen. Nur aus der Einzelleistung setzt sich die Gesamtleistung der Arbeitsgruppe oder des Institutes zusammen. Es kommt auf jeden an, also auch auf dich! Dieser Gedanke steht daher am Anfang.

In manchen Betrieben besteht die Tendenz, so etwas wie eine kollektive Verantwortung in der Technik zu schaffen. Ich sehe hier ab von der rechtlichen Unzulässigkeit (daher der Abschnitt »Du und das Gesetz«). Der Begriff der kollektiven Verantwortung lähmt die Entschlußkraft. Man wartet, daß der andere etwas tut. Einzelverantwortung fördert den Entschluß: wer, wenn nicht du – wann, wenn nicht sofort.

Einzelverantwortung schließt Beratung nicht aus. Die Beratung muß den Gegenstand (Forschungsthema usw.) betreffen. Niemals darf die Frage zur Beratung stehen, welchen Entschluß der Verantwortliche treffen soll. Damit das Gefühl für die Verantwortung gefestigt wird, sind die Gruppenleiter (als kleinste Organisationsform) für ein bestimmtes Gebiet der Schweißtechnik verantwortlich. (Manche Leute sagen auch »voll verantwortlich«, was wohl eine Steigerung von verantwortlich sein soll.) Die Verantwortung beginnt bei den Grundlagen und endet bei der erfolgreichen Einführung.

In früheren Abschnitten habe ich einige Gedanken über die Entwicklung von Staubsaugern geschrieben. Nach der »ZIS-Auffassung« wären die Staubsaugerentwickler auch für die Bakterienvernichtung verantwortlich.

Was Staatsdisziplin bedeutet, weiß natürlich jeder. Weniger geläufig ist, daß eine solche Disziplin irgendwann bedeutet, daß man »jawohl« sagt und nicht alles endlos diskutieren kann. (Es sei denn, man kann eine Handlung nicht mit seinem Gewissen vereinbaren.) Damit ist auch die Mitbestimmung eingegrenzt. Mitbestimmen heißt noch lange nicht, daß jede Meinung berücksichtigt wird. In der Technik und Wissenschaft gilt Schillers Zitat:

»Man soll die Stimmen wägen und nicht zählen.«

Der Punkt 2 ist voller Einerseits – Andererseits. Es ist daher notwendig, von Zeit zu Zeit auf Versammlungen seine Problematik zu erläutern.

»3. Erfolge werden nur durch harte Arbeit erreicht.

Erfolge müssen meßbar sein. Erfolg zu haben ist Pflicht für jeden Mitarbeiter im ZIS.«

Ob Erfolg zu haben Pflicht sein kann, ist eine außerhalb des ZIS viel diskutierte Frage.

Ich gehe immer davon aus, daß Forscher von dem Kredit bezahlt werden, den die Gesellschaft ihnen für ihre Forschungsarbeiten gibt. Schulden müssen bezahlt werden! Bezahlt werden können sie nur durch Erfolge (die meßbar sein sollen!).

Wer über einen längeren Zeitraum keinen Erfolg bringt, kann durchaus ein tüchtiger Mensch sein, nur gehört er nicht in ein Forschungsinstitut. Er muß auf einen Arbeitsplatz, an dem er seinem Gehalt entsprechende Leistungen bringt. Oder umgekehrt: Er muß ein seinen Leistungen entsprechendes Gehalt bekommen. Der Gedanke, »jeder auf den Arbeitsplatz, wo er etwas leistet«, wird bei uns leider immer wieder durch den (richtigen) Gedanken der Arbeitsplatzsicherung verdeckt. Der Arbeitsplatz muß gesichert sein bei Krankheit und anderen Unglücksfällen. Aber bei Unfähigkeit darf nicht der Arbeitsplatz gesichert werden, sondern nur eine den Fähigkeiten angemessene Tätigkeit.

Natürlich kenne ich so ziemlich alle Einwände, die hier kommen. Sie laufen alle in die Richtung: völlig einverstanden – aber ..., und dann werden alle Schwierigkeiten aufgezählt.

Meine Antwort lautet dann immer: Wir haben die Mitbestimmung und Beratung. Dadurch ergeben sich genug Gelegenheiten, Leistungen zu beurteilen. Und wir haben ein Arbeitsrecht, das durchaus Möglichkeiten bietet, das Leistungsprinzip in unserem Verantwortungsbereich durchzusetzen.

»4. Dein persönliches Ansehen ist stark abhängig von dem Ansehen des Institutes in der Öffentlichkeit. Dein Auftreten und deine Leistungen formen andererseits die Meinung über das ZIS. Zehn gute Leistungen werden schneller vergessen als ein falsches Auftreten. Denke stets an diese Verantwortung für dich und für deine Kollegen.«

Die Psychologen weisen immer wieder darauf hin, wie tief das Bedürfnis nach sozialer Anerkennung im Menschen drinsteckt. Daher gibt es auch als Konsequenz des Leistungsgedankens Orden, Medaillen und Titel. An die Möglichkeit, auch die Tatsache einer Betriebszugehörigkeit als Anerkennung zu benutzen, wird selten gedacht. In der UdSSR fällt die besonders hohe Wertschätzung auf, die Mitglieder von Akademien genießen. Ich kenne keinen Grund, warum wir in der DDR nicht ebenfalls die Tätigkeit in einem besonders guten Betrieb oder in einem erfolgreichen Institut als eine Auszeichnung (und Verpflichtung) betrachten sollen.

Im In- und Ausland habe ich oft erlebt, wie nach der Erklärung: »Ich bin vom ZIS« der Empfang sofort viel entgegenkommender wurde. Umgekehrt

habe ich die Mitarbeiter aber auch immer darauf hingewiesen, bei persönlichen Leistungen zu sagen, wo sie arbeiten. Im einfachsten Fall bedeutet das, bei einem Fachartikel unter die Überschrift zu setzen: »1316. Mitteilung aus dem ZIS.«

Die Numerierung der Aufsätze spiegelt den Gedanken der Mitarbeit wider.

Ich weiß, manche Direktoren wünschen ihren Namen mit unter dem des Verfassers einer Arbeit zu sehen. Wahrscheinlich haben sie auch Ideen und Anregungen dazugegeben. Ein Vorgesetzter, der selbst wissenschaftlich arbeitet, ist nicht darauf angewiesen, daß sein Name »mitgenannt« wird.

Den Begriff Auftreten halte ich für sehr wichtig. Niemand kann etwas dafür, wenn er groß oder klein ist oder eine dicke oder dünne Nase hat. Aber ob er gut rasiert zum Dienst erscheint, ist für den Ruf seines Betriebes (neben der fachlichen Leistung) wichtig.«

Im Fernsehen wird uns immer wieder gezeigt, wie Berlinern oder Sächseln »in« ist. Kein Vorgesetzter kann einen Mitarbeiter zwingen, ein gutes Deutsch zu sprechen – aber er kann (und muß) verhindern, daß dieser Mitarbeiter das Institut in der Öffentlichkeit oder gar die DDR im Ausland vertritt. Um öffentlich ungestraft einen starken Dialekt sprechen zu dürfen, muß man schon eine starke Persönlichkeit mit besonderen Leistungen sein. Damit ist nichts gegen eine leichte mundartliche Färbung der Sprache gesagt.

Wie jemand auftritt, ist nicht Privatsache. Immer werden Rückschlüsse auf seine Umwelt und Herkunft gezogen.

»5. Ein Fehler bei der Arbeit läßt sich leichter korrigieren als eine Unterlassung. Handele lieber, als daß du abwartest.«

Wer nichts tut, macht nichts falsch, sagt das Sprichwort. Aber wer nichts tut, erreicht auch kein Ziel, er leistet nichts. Daher muß jedem Mitarbeiter immer wieder eingeprägt werden, daß Abwarten grundsätzlich falsch ist. Die Aufgabe von Wissenschaftlern und Technikern ist es, die Welt zu verändern, sie besser zu machen. Das ist nur durch Leistung möglich, niemals durch Nichtstun.

Es gibt viele Vorgesetzte, die ihren Mitarbeitern ihre Fehler mit scharfen Worten vorhalten. Natürlich muß gesagt werden, wenn etwas falsch gemacht wurde. Aber bevor er das in vorwurfsvollem Ton macht, sollte jeder Leiter sich die Folgen genau überlegen.

Leider hat die Kritik bei Fehlern in Deutschland, vor allem in Preußen, eine lange Tradition. Bismarck (der es ja wissen mußte) schrieb, die Preußen hätten einen Typ herausgebildet, der die »Manöverkritik« mehr fürchtet als den Tod. Ganz so schlimm ist es heute zum Glück nicht mehr. Aber die Furcht »vor der Zigarre« ist auch heute noch allgemein verbreitet. Es ist ein Widerspruch, Risikobereitschaft zu fordern und bei Fehlern zu schimpfen.

Etwas ganz anderes ist es, wenn jemand nicht alle Möglichkeiten ausgeschöpft hat, um ein vorgegebenes Ziel zu erreichen.

Meistens kommen dann Ausreden der folgenden Art:

- das Material kam nicht rechtzeitig
- das gibt es ja doch nicht
- man hat mir gesagt, es wäre zwecklos
- ich wollte abwarten
- morgen hätte ich damit angefangen

Hier kann die Kritik nicht hart genug ausfallen. Die Schäden, die durch Nichthandeln entstehen, sind viel höher als die, welche durch falsches Handeln eintreten. Das wird besonders durch den folgenden Grundsatz klar:

> »6. Verlorene oder vergeudete Zeit läßt sich nie wieder einholen. Was du tun willst, erledige sofort. Mache dein Handeln nie davon abhängig, daß andere etwas vorher sofort erledigen müssen.«

Oft hört man, die Zeit arbeiten wir wieder 'rein. Dabei wird übersehen, daß die Zeit, die zum Nacharbeiten genutzt wird, auch hätte verwendet werden können, um zusätzlich zu der vergeudeten Zeit mehr zu leisten.

Die Zeit läuft einsinnig in einer Richtung ab, und es gibt kein Mittel, um verstrichene Zeit wieder zurückzuholen.

Sofort etwas zu tun fällt den meisten Menschen schwer. Eine einfache Überlegung zeigt aber, wie die Zahl der Schwierigkeiten zunimmt, wenn man eine Arbeit auf später verschiebt. Das Wetter kann sich verschlechtern, die Straßenbahn ausfallen, die Mitarbeiter werden krank, meine eigene Unlust nimmt zu (wegen des Termindrucks), mir werden weitere Aufgaben zugeteilt, oder die Konkurrenz meldet im Ausland ein Sperrpatent an.

Was man sofort gemacht hat, hat man hinter sich.

Eine der beliebtesten Entschuldigungen vor sich selbst ist, daß jemand vorher, bevor ich selbst anfange, eine Zuarbeit machen muß. Weil diese Ausrede so verbreitet ist, nahmen wir sie extra im Punkt 6 mit auf. Eine ehrliche Prüfung zeigt, daß man mit der eigenen Arbeit ruhig beginnen könnte, ohne auf die Zuarbeit zu warten.

Eng verknüpft mit diesem Problem ist das Einholen von Genehmigungen. Ich habe erlebt, wie fachlich tüchtige Ingenieure als Leiter scheiterten, weil sie glaubten (oder es als Ausrede glaubten), vor jeder Handlung »oben« anfragen zu müssen. Eine Folgerung aus dem Punkt 6 der Leitungsgrundsätze des ZIS ist es, nie um Genehmigung zu bitten, wenn es nicht ausdrücklich vorgeschrieben ist. Die Deutschen neigen auf Grund ihrer Tradition dazu, alles, was nicht ausdrücklich erlaubt ist, als verboten zu betrachten. Dadurch werden Entscheidungen zu immer höheren Instanzen verschoben, die meistens gar nicht mehr sachkundig sind.

Wer etwas leisten will, soll und muß handeln. Wenn eine vorgesetzte Dienststelle anschließend meint, sie sei übergangen worden, liegt die Beweislast bei ihr, daß eine Genehmigung erforderlich war. Dieser Nachweis wird sehr selten erbracht!

»7. Es gibt für keinen von uns eine Sonderstellung in seinen Rechten. Jedoch steigen die Pflichten mit der Funktion im Institut.«

Warum leisten Menschen verschieden viel für eine Gemeinschaft? Wer intelligenter als andere ist, sollte eigentlich seinen Geist benutzen, um sich jeden Ärger durch Verpflichtungen aller Art vom Leibe zu halten. Zum Glück ist der Mensch von Natur aus anders konstruiert. Er ist ein soziales Wesen. Daher wird es immer Menschen geben, die bereit sind, ihr Wissen und Können für andere einzusetzen.

An diese moralische Verpflichtung soll der Punkt 7 erinnern.

Ein Staatsanwalt sprach einmal im Institut und beleuchtete diese Frage vom juristischen Standpunkt. Er sagte: »Vor dem Gesetz sind alle gleich. Aber bei der Beurteilung der Strafzumessung betrachten wir die Persönlichkeit.« Das ist die Ansicht über Rechte (für alle gleich) und Pflichten (in Abhängigkeit von der Persönlichkeit) von einem anderen Standpunkt.

»8. Denke nach, was du und wir besser machen könnten. Denke positiv. Mache Vorschläge.

Wenn der erste nicht gut ist, ist es sicher der zweite oder dritte.«

Viele Mitarbeiter sind bereit, ein Patent anzumelden oder einen Verbesserungsvorschlag einzureichen. Zu ihrer Enttäuschung wird der Vorschlag abgelehnt (zu Unrecht selbstverständlich). Daraufhin erklären sie, nie wieder über Verbesserungen nachzudenken, und verlegen sich aufs Meckern. Diese Trotzhaltung ist weit verbreitet. Ich habe solchen Mitarbeitern immer erklärt, sie würden einen »vernichtenden Schlag« gegen das Institut ausführen, wenn sie auch weiterhin darauf verzichten, sich selbst um Vergütungszahlungen zu bringen. Meistens mußten die Betroffenen dann lachen und sahen selbst das Unlogische ihrer Haltung ein. Wichtig ist natürlich, solche Haltungen gar nicht erst aufkommen zu lassen. Es geht ja nicht nur um Patente. Es geht auch darum, weiter zu forschen, wenn der erste Anlauf in eine Sackgasse führte.

Meine Lebenserinnerungen (»Leben ohne Rückfahrkarte«) schloß ich mit den Worten:

Streben, suchen, finden
und nie aufgeben.

»9. Unsere technischen und finanziellen Mittel sind genauso begrenzt wie die Zahl der Mitarbeiter. Unsere Arbeit muß daher auf Schwerpunkte gerichtet sein. Hilf mit, Schwerpunktaufgaben zu lösen. Nur dort winken dir große Erfolge und Anerkennung.«

Überall besteht die Neigung, mehr Mitarbeiter einzustellen. Das ist ein Zeichen, wie selten die Begriffe Arbeit und Leistung auseinandergehalten werden. Seit Bestehen der DDR (ja seit Bestehen des Kapitalismus) gilt es als selbstverständlich, daß die Produktivität der Produktionsarbeiter ununterbrochen steigt. Es gibt keinen Grund, warum die Leistung der geistig Tätigen, einerlei, wo sie arbeiten, nicht auch steigen soll. Mir erscheint eine durchschnittliche Leistungssteigerung von 5 Prozent angemessen. Daher habe ich mich immer gegen Personalaufstockungen gewehrt, obwohl sie mir öfters angeboten (und regelmäßig von einigen Mitarbeitern verlangt) wurden. Unberührt davon blieben zeitweilige Einstellungen von jungen Forschern, die sich einige Jahre einarbeiteten, bis ältere Kollegen planmäßig Rentner wurden.

Kompliziert ist mitunter die Frage der Schwerpunkte. Dabei ist immer wieder zu bedenken, daß eine gute Forschungsstelle fünf bis zehn Jahre den augenblicklichen Schwerpunkten der Industrie voraus sein muß.

Oder besser ausgedrückt: Die Erfolge und die Anerkennung, von denen im Punkt 9 gesprochen wird, winken nur dann, wenn die Forschung gerade dann abgeschlossen ist, wenn sie in der Industrie (als Schwerpunkt) benötigt wird.

Es ist leicht, im Strom der öffentlichen Meinung mitzuschwimmen und dort zu forschen, worüber gerade allgemein gesprochen wird. Im Augenblick, wo ich dies schreibe, ist gerade die Immunschwäche AIDS ein solches Thema. Eine große Leistung wäre es gewesen, wenn die Fachleute vor Jahren erkannt hätten, daß ansteckende Krankheiten sich nach einem Exponentialgesetz ausbreiten, und jetzt mit Lösungen aufgewartet hätten. Ich will den Medizinern keinen Vorwurf machen. Auch in der

Technik gibt es solche verspäteten Schwerpunkterkennungen in Massen.

»10. Du hast nicht nur das Recht, sondern auch die Pflicht zu deiner Weiterbildung. Kenntnis und Leistung ermöglichen dir den Aufstieg im ZIS.«

Man sagt, das Wissen der Menschheit verdopple sich in fünf Jahren. Einerlei, ob diese Zahl stimmt oder ob sie größer oder kleiner ist, die Verdopplung ist wohl richtig. Doch der Ausdruck Verdopplung täuscht die meisten Menschen. Verdopplung bedeutet zweifach – vierfach – achtfach – sechzehnfach usw. gerechnet von irgendeinem Zeitpunkt an.

Ich war 1947 mit dem Studium fertig. Nach der Fünfjahrregel müßte sich bis heute (1987) das Weltniveau mehr als vertausendfacht haben. Das ist sicher nicht der Fall. Doch es ist ungeheuer viel Neues erforscht worden. Die Folgerung daraus ist ununterbrochenes Lernen. Ich habe in zwei Handwerksberufen und drei Ingenieurberufen eine Abschlußprüfung gemacht. Die meisten meiner leitenden Mitarbeiter können ähnliche Laufbahnen aufweisen.

Nach meiner Erfahrung motiviert eine zusätzliche Ausbildung zu höheren Leistungen. Ich habe daher fast immer Wünsche für ein Fernstudium oder einen Lehrgangsbesuch begrüßt und umgekehrt mangelnde Leistungen in der Weiterbildung als Versagen im Beruf bewertet.

»11. In der Regel werden dir Ziele vorgegeben. Die Wege zu diesen Zielen mußt du selbst erarbeiten. Du hast diese Aufgaben erhalten, weil wir dich für den geeignetsten Fachmann für ihre Lösung halten. Nutze dieses Vertrauen.«

Hier wird das Problem »Ziele – Wege – Persönlichkeit« behandelt.

Der große Fehler mancher Leiter besteht darin, einen Mitarbeiter, der gerade frei ist, mit einer Aufgabe zu betrauen. Darüber wird oft vergessen, erst einmal seine Eignung zu überprüfen. Wenn »er sich bemühte, den Anforderungen nachzukommen«, sagt das gar nichts. Wichtig ist, was hat er geleistet.

Der zweite, noch stärker verbreitete Fehler ist, neben den Zielen auch noch die Wege festzulegen. Wenn der Mitarbeiter geeignet ist, findet er sicher den besten Weg zum Ziel. Wenn er ungeeignet ist, hilft ihm auch die Vorgabe des Weges wenig, um so mehr, als es zweifelhaft ist, daß der Vorgesetzte den richtigen Weg angibt. Dazu mangelt es ihm meistens an den notwendigen Fachkenntnissen.

»12. Auch andere Leute sind klug. Nutze ihren Rat und ihre Hilfe, um zum Erfolg zu kommen. Hilf auch, wenn andere dich benötigen. Je komplizierter die Aufgabe, desto weiter muß die Arbeitsteilung gehen. Strukturgrenzen bestehen im ZIS nur auf dem Papier, nicht bei der Zusammenarbeit.«

Der Schriftsteller Kurt Tucholsky schrieb eine Satire über das Thema »Ich als Postbeamter«. Er machte sich über die Neigung seiner Zeitgenossen lustig, sich einerseits als »verständnisvoller Mensch«, andererseits im Dienst als »strenger Beamter« zu sehen. Das war vor über 50 Jahren.

Zwar hat sich inzwischen vieles geändert. Aber

die Neigung, sich nicht als Glied des Ganzen zu fühlen, sondern als Mitglied einer kleinen Gruppe, ist geblieben. Das kann man bei der Cliquenbildung von Jugendlichen beobachten und auch bei dem Verhalten gereifter Menschen, sobald sie merken, daß sie für einen Fall eine Monopolstellung einnehmen. Jeder kennt wohl die Schwierigkeiten, die entstehen, wenn ein Kollege aus der Abteilung A offiziell etwas von einem Kollegen der Abteilung B möchte. Auf dem »kleinen Dienstweg« (»Willi, kannst du mir mal helfen?«) funktioniert die Zusammenarbeit meistens noch. Aber über die Abteilungsleiter macht es schon Schwierigkeiten.

Im ZIS haben wir vor Jahren die Namen für die Gruppen und Abteilungen (z. B. Forschung oder UP-Schweißen) abgeschafft und dafür gegen den Widerstand vieler Nummern eingeführt. Damit sollten die Strukturgrenzen abgeschafft werden, wie der Punkt 12 es fordert. Ein gewisser Erfolg war zwar zu verzeichnen. Doch von allen Maßnahmen ist die Arbeitsteilung oder besser der Arbeitsfluß über die Strukturgrenzen hinweg die wirkungsloseste geblieben.

Ich und die leitenden Mitarbeiter haben unverhältnismäßig viel Energie aufwenden müssen, um solche Zusammenarbeit im Guten oder im Bösen zu erzwingen.

»13. Einzelheiten über die Wirksamkeit dieser Regeln findest du im BKV, in der Arbeitsordnung des ZIS, in der Organisationsanweisung und in der Institutsanordnung.«

Dieser Punkt bildet die Überleitung zu den Anweisungen, die gesetzlich vorgeschrieben oder die aus Erfahrungen notwendig sind.

»14. Keine dieser Regeln ist endgültig, wenn du eine findest, die zu einer besseren Zusammenarbeit und zu höherem Erfolg führt.«

Selbstverständlich werden Regeln und Anordnungen kritisiert. Das ist gut und notwendig. Der Leiter muß jedoch auch eine Möglichkeit haben, auf Kritik offensiv zu antworten. Mit einer bloßen Verteidigung einer Maßnahme ist es schwer, einen Kritiker zu überzeugen. Der Punkt 14 gibt die Möglichkeit zu sagen: »Wahrscheinlich hast du mit deiner Kritik recht. Formuliere bitte einen besseren Vorschlag.«

In über 20 Jahren ist kein Vorschlag erfolgt. Das spricht für die 14 Leitungsgrundsätze.

Inhaltsverzeichnis